당신과 함께

해보고 싶은 생각

노원 지음

포문 출판

생각하는 대로 살지 않으면
결국에는 사는 대로 생각하게 된다

폴 부르제

* 이 책을 소개합니다

 책을 만드는 일은, 계획해도 이루어지지 않을 수 있고, 계획하지 않아도 이루어지는 수가 있습니다. 특히 이 책이 그런 경우가 아닐까 싶습니다.
 시리즈로 내고 싶다고 소망을 밝혔으나, 결과는 알 수 없었습니다.
 더욱이 전 세계가 이전에 겪지 못했던 어려움을 겪고 있는 요즘, 책을 내자고 결정을 내리기는 더욱 힘들었습니다.

 그러나 원고를 읽어 보니, 이런 시기이기에 오히려 이 책이 나와야 하는 이유가 분명했습니다.
 여기에는 상식이 담겨 있기 때문이었습니다. 평범한 작가가 평범한 일상에서 얻은 깨달음과 생각이 담겨 있었기 때문입니다.

 우리는 지금,
 평범했던 일상이 어쩌면 가장 소중한 시간이었다는 것을,

평범한 상식이, 바로 자신과 타인을 구하는 큰 힘을 가지고 있었다는 것을, 절절히 깨닫는 중입니다.

아주 기본적인 지식, 일반적인 생각이야말로, 자신과 세상을 구하는 열쇠인지 모릅니다.

치명적인 바이러스가 등장해 전 세계가 펜데믹 상황으로 돌입했으며...
이 바이러스는, 감염자들의 침방울에 섞여 공기로 타인에게 전염되니...
특히나 아무 증상 없는 무증상 감염자도 있다고 하므로...
이런 때, '마스크를 끼는 일'이야말로, 자신과 타인의 건강을 위한 기본 상식이 됩니다.

여기까지 말하면 여러분은 고개를 끄덕이실 겁니다.
지금, 마스크를 끼지 않는 사람이 얼마나 많으며,
마스크를 거부하고 혐오하는 사람들이 얼마나 많은지, 함께 보고 있으니까요.

어려운 지식이나 위대한 스토리가 아니라,
평범한 상식이 소중한 생명을 구할 수 있는 큰 힘을 가지고 있음에도,

그 상식을 모르거나, 모른 체하는 사람들이 있고, 심지어 상식 대신 몰상식과 혐오를 부추기는 사람도 있습니다.

때문에 이 책을 서둘러 출간하기로 결정했습니다.
여기에 담긴 내용은, 앞서 말했듯 평범할지 모릅니다.
-개운법, 관상, 대단위 아파트, 악플, 팬덤 문화, 혼밥족, 맛집 소개, 귀농, 국뽕과 식민 사관 등.
제목에서 보듯, '당신도 한 번쯤 해본 생각'이며, '당신과 함께 해보고 싶은 생각'입니다.

그러나 에피소드들은 마치 처음 보는 이야기인 양, 신선하고 흥미진진하게 전개됩니다.
낯선 경험담과 반전의 결말이 담겨 있기 때문입니다.
작가는 언제나 그렇듯, 쉬운 언어와 친근한 경험으로, 자신이 깨달은 상식을 전달합니다.

그리고 여기 실린 이야기들을 읽다 보면,
우리가 얼마나 상식적인 생각을 하지 않고 살아가는지, 알 수 있습니다.

그렇습니다. 우리는 의외로 당연하고 상식적인 것들을 놓친 채, 살아갑니다.

-환경 보호? 당연해. 그게 상식이지.
　-가짜 뉴스? 당연히 나빠. 그게 상식이야.
　그것을 잘 알고 있으나, 우리는 그 생각을 자주 떠올리지 않습니다.
　그리고는 아무 생각 없이 일회용품을 써 버리고, 가짜 뉴스에 현혹되어 그것을 퍼뜨립니다.

　실로 상식적이고 일반적인 생각이기에 당연히 우리가 품고 있을 거라 생각하지만... 그것은 착각입니다.
　우리는 점점 더 일반적이고, 당연한, 좋은 생각들과 멀어지고 있습니다.
　때문에 이 책에 담겨 있는 내용이 당연할수록, 아이러니하게도 더 많은 분들이 읽어야 한다는 생각이 들었습니다.

　우리는 이 책을 통해 한 번 더 말하고 싶습니다.
　평범한 생각과 상식적인 생각을 해보자고.

　물론 여기 실린 내용이 '상식'이 아닐 수도 있습니다.
　일반적인 생각이 아니라, 작가 개인의 선입견, 독선과 아집, 편견일 수 있습니다.
　책을 읽어 가며 그것을 발견하는 것은 독자 여러분의 몫입니다.

이 책의 진짜 목적은 바로,
당신과 함께 해보고 싶은 '생각'이기에,
당신이 이 책을 읽으며 '생각'을 시작한다면,
그리하여 당신의 생각과 당신의 시선으로 책을 읽어 준다면, 그것 역시 보람을 느낄 만한 일입니다.

부디 이 책을 읽는 동안,
당신이 상식적이든, 상식적이지 않든, 많은 생각을 해보길 바라고 바랍니다.

목차

*이 책을 소개합니다 ...p4

　　하나

1 열정적으로 시작한 운동 ...p16

2 행운을 불러들이는 방법 ...p20

3 성공의 열쇠 ...p24

4 뒤통수에 눈을 달고 ...p28

5 빅데이터 기반의 딥러닝 학습을 끝낸 인공 지능 휴머노이드를 엿 먹이는 기술 ...p32

6 호캉스고 홈캉스고, 최고의 휴가는 ...p38

7 굳이 먼 길로 돌아가는구나 ...p42

8 이런 게 없을까, 3 - 맛집에서의 1인 합체석 ...p45

9 농부의 걸기 ...p50

10 시골살이의 문제점 ...p53

11 너의 단점을 내가 알려 주마 ...p55

12 대단위 아파트는 이상하다 ...p58

13 10년 만에 풀린 의문 ...p63

14 결코 이해하지 못하더라도 1 ...p68

15 결코 이해하지 못하더라도 2 ...p72

16 세상은 요지경이구나 ...p77

　둘

1 소설에 쓰려고 아껴 둔 기막힌 표현 ...p82

2 세종대왕님의 미스터리 ...p87

3 재능은 없을 수 있지만 노력은 게을리하면 안 된다 ...p93

4 제대로 실감했던 명언 - 고통스러운 상황은 불가피한
　것이지만 괴로움은 선택이다 ...p96

5 지구는 네모다 ...p101

6 헤어날 수 없는 마력에 빠지다 ...p105

7 그들이 악플을 다는 이유 ...p109

8 무는 알고 있다 ...p115

9 이것이 궁금하다 - 한민족과 쇠젓가락 ...p118

10 당신들의 노동이 얼마나 훌륭한 것인가 ...p122

11 좋은 작품의 영향 ...p126

12 성격 급한 친구에게 배운 말 …p130

13 우주인과의 조우 - 도시락을 먹는 지구인의 자세 …p133

14 이런 게 있었으면 좋겠다,가 아니라 제발 이것 좀
　 표시해 주길 …p138

15 나이가 들었음을 깨닫게 된 순간 …p140

16 '모든 일에 최선을 다하라'는 말의 의미 …p142

17 내가 좋아하는 말 1 - 작심삼일 …p147

18 내가 좋아하는 말 2 - 대기만성 …p150

19 1인 방송 아이템 - 전국의 맛은 다르다 …p152

　 셋

1 기도가 이루어지는 조건 …p158

2 '자기 확신'을 할 수 있다면 …p161

3 행복론 2 …p167

4 진짜 행복한 웃음 …p171

5 나의 목표 - 두 번의 힘을 가진 글 …p173

6 맛집에서 느낀 두 번의 힘 …p175

7 자각하라 …p178

8 시간을 아끼는 방법에 대한 망상 ...p181

9 내가 싫어하는 말 ...p186

10 눈이 나쁘면 안경을 끼자, 실수 좀 하지 말고 ...p188

11 동지 팥죽과 공짜 ...p191

12 희한한 애플리케이션 ...p193

13 맛집의 놀라운 핑계 ...p202

14 맛집의 놀라운 변명 ...p207

15 드라이브 스루 장례식 ...p209

16 말로, 써 내려간 기사 ...p211

17 우울감을 치유하기 어려운 이유 ...p216

   넷

1 조용한 동네에 나타난 수상한 사람 ...p220

2 꼰대들의 착각과 그들을 위한 변명 ...p222

3 공포 마케팅을 피해 ...p226

4 열심히 달리는 것보다 더 중요한 것은 방향을 정하는 것이다 ...p230

5 습관의 무서움 ...p235

6 도저히 고쳐지지 않는 ...p239

7 결핍에 대한 갈망 ...p243

8 이런 게 없을까, 4 - 음악 플랫폼 ...p246

9 팬덤의 그늘 ...p251

10 노래 커버가 부럽다 ...p256

11 물 들어올 때 노 저어라 - 그리하여 어쩌면 ...p261

12 도전하고 실패하고 ...p268

1 열정적으로 시작한 운동

요즘 내가 하고 있는 운동이 있다.
이 운동은 일주일에 두세 번은 하게 된다.
대부분은 나의 의지와 상관없이 운동을 실천해야 할 상황이 벌어진다.

우선 지인으로부터 연락이 온다.
언제 어디서 만나자고 약속이 잡힌다.
그날이 되면 나는 밀폐 용기를 두 개 정도 챙긴다. 평소에도 가지고 다니면 좋겠다고 생각하지만, 유리 재질이라 무게가 만만치 않다.
그래서 식사 약속이 잡힐 때마다 잊지 말고 챙겨야 한다.
그리고 약속 장소로 간다.
사람들을 만나면, 먼저 밥을 먹고 카페에 가는 코스가 대부분이다.
당연히 처음에 가는 곳은 식당이다.
가게에 들어가 주문을 하면 밑반찬이 먼저 나온다.

여기서 운동의 첫 단계가 이루어진다. 이것은 근력이나 심폐 지구력 같은 것과는 관련이 없다.

오로지 순발력과 눈치가 필수 덕목이다.

오랜 경력 덕분에 빛의 속도로 반찬을 세팅하는 아주머니의 손길을 재빨리 눈으로 쫓아가며, 먹지 않을 반찬을 도로 쟁반에 반납해야 한다.

처음엔 아주머니의 속도를 따라가지 못해, 일단 반찬을 받아 두고 나중에 아주머니를 다시 불렀다. 그러나 아무리 '손을 대지 않았다'고 말해도 테이블에 올라간 음식은 무조건 폐기한다는 얘기가 돌아왔다.

그래서 아주머니께는 죄송하지만 '잠시만'이라고 부탁하고 재빨리 반찬을 골라낸다.

순발력도 필요할뿐더러 혹 잘못 빼면 상대의 기분이 상할 수도 있으므로 눈치가 필요하다.

1차 관문을 통과하고, 맛있게 식사를 한다.

그리고 어느 새 가장 어려운 2차 관문을 맞이한다.

여기서는 뻔뻔함이 필수다. 식사가 끝나갈 무렵, 남은 반찬을 가져온 용기에 담는 것이다.

이것은 제법 무던한 성격의 상대라도 견디기 힘들어 한다.

무슨 큰 잘못을 저지르는 것처럼 주위를 둘러보고, '왜 그러냐'고 살짝 원망 어린 투로 나를 말리려고 애쓴다.

여기서 정말 이해가 안 가는 것은 다른 손님들의 반응이 그와 비슷하다는 것이다.

모두 나를 비난하듯 쳐다본다. 혹은 구경하듯. 혹은 불쌍하다는 듯.

'오오'라고 감탄해 주는 것은 바라지 않지만, 못 본 척이라도 할 수 있는데. 모두들 '왜 저래?'라는 표정이다.

이 운동을 시작한 지 10개월이 다 되어 가지만 참으로 반응이 한결같다.

아마 내 꼴이 비루해서 그런지도 모르겠다.

아르마니 정장을 입고, 샤넬 백에서 금도금이 된 밀폐 용기를 꺼내 반찬을 담으면 시선이 달라질까.

아무튼 몇 번 이 꼴을 본 친구들은, 아예 식당에서 가장 구석진 테이블로 달려가 먼저 자리부터 잡는다.

이제 마지막 단계다.

테이블에 남아 있는 음식이 없도록, 남은 것을 모두 먹어 치운다.

상대가 먹을 거라 생각해서 남겨 뒀건만 나를 보고 입맛이 떨어졌는지, 고대로 남은 반찬을 내가 모두 꾸역꾸역 먹는다.

이 단계를 위해 대부분의 경우, 짜고 매운 김치는 처음부터 빼 놓는다.

드디어 테이블 위의 모든 그릇을 깨끗이 비웠다.
그러면 빈 그릇을 가지런히 줄 맞춰 놓는다.
곧 직원이 와서 쓸어 가겠지만, 어쨌건 마지막에 테이블이 깔끔하게 정리되어 있어야 한다.

이 운동이 내가 하는 '개,운,동'이다.

친구들은 모두 이름을 듣고 빵 터졌다.
개? 그래, 남은 잔반을 모두 먹어 치우니 맞네. 맞아.

그 멍멍이가 아니야!
운을 바꾸는, 행운을 여는, '개, 운, 동'이란 말이다.
웃지만 말고 말 좀 들어. 어이.

2 행운을 불러들이는 방법

 친구들도 지인들도 하도 '개운법' 운운하길래 혼자 곰곰이 생각을 했다.

 한자어로 '바꿀 개'나, '열 개'를 떠올려 보면 나쁜 운을 바꾼다거나, 막힌 운을 뚫어 주는 방법인 것 같다.

 어쨌건 또다시 생각할 거리를 딱 물어 버린 것이다.

 동양의 사주, 관상, 풍수지리나 서양의 점성술, 타로를 보면, 어디나 운명학은 있는 것 같다.

 그러나 운명에 관심을 두거나 그것을 종교인 양 떠받드는 까닭도, 모두 정해진 운명을 알기 위함은 아니다.

 상류 사회를 1%로 치고, 99%가 중,하류인 세상에서 자신의 운명을 안다고 끝나겠는가.

 운명을 바꾸고 싶지 않겠는가. 행운을 상승시키고 불행을 막고 싶지 않겠는가 말이다.

 그래서 아무리 생각해도 운명학의 최종 목적은 '개운'이라는 데 동의하게 된다.

막힌 운을 열고, 운을 상승시키는 것. 나쁜 운을 좋은 운으로 바꾸는 것.

그래서 나도 '개운법'에 대해 열심히 생각했고, 나만의 방법을 찾아냈다.
그것은 뜻밖에, 아이들도 알고 있는 아주 쉬운 방법이었다. 바로 '착한 일을 하면 복을 받고, 나쁜 짓을 하면 벌을 받는다'는 것... 권선징악, 그것이었다.
그런데 대부분의 사람들은 두 가지를 얘기하면 꼭 앞의 것만 기억한다.
위의 말은 두 가지를 다 해내라는 말이다.
착한 일을 하고, 나쁜 일은 하지 말라는 것.
그런데 지키기 힘들어서 그런가. 양자택일을 하려 든다. 둘 중 하나만 하면 된다고.

하긴 나 역시도 하나만이라도 해 보자고, 생각했다.
그러나 그것은 쉽게 선택할 문제가 아니었다.
매우 상상력이 필요한 일이었다.
사람들은 복을 받아 잘 먹고 잘 사는 자신을 상상하기에 바쁘지만,
벌을 받아 몸이 다치거나 집안에 우환이 드는 일도 상상해야 한다.

나는 열심히 상상했다.
복을 받고 싶은가.
화를 피하고 싶은가.

상상을 해 보고, 좋은 일이 생기는 것보다, 나쁜 일을 막는 게 훨씬 급선무임을 깨달았다.
아무리 수조 원을 가진 재벌이라도, 침대에만 누워 생활한다면 그게 무슨 소용인가.
식용 금으로 장식된 수천만 원을 호가하는 음식을 삼시 세 끼 먹어도, 간병인이 금똥을 튜브로 빼 주는 신세라면 그게 행복할 것인가. 다른 사람은 몰라도 나는 아니다.

그래서 '개운법' 중 우선적으로 뒤의 것에 집중하기로 했다. 즉, 나쁜 일을 하지 않는 것으로.
그리고 그 실천법으로 선택한 첫 번째 운동이 바로 음식을 남기지 않는 것이었다.

어렸을 때, 동네 어른들께 무시로 들은 이야기가 있다.
-먹는 걸로 장난치면 벌 받는다.
-음식을 남기는 게 제일 큰 죄지. 굶는 사람도 있는데.
-네가 남겨서 버린 음식은 죄다 지옥에 쌓여 있어. 나중에 죽으면 지옥에서 다 먹어야 해.

어린 입맛에 뭉글뭉글한 식감을 견디지 못하고 버린 굴젓을, 6,70년이나 지난 후에 썩어 문드러지고 온갖 음식물 쓰레기와 섞여 구더기가 드글한 채로 저승에서 먹어야 한다니.

그런 옛말 때문이 아니라도… 70억 인구 중에 굶어 죽거나 영양실조에 시달리는 사람이 수없이 많을 텐데, 음식을 남겨서야 되겠는가.

그래서 일단은 음식물 쓰레기를 만들지 않기로 했다.

그리고 직접 해 보고서야 알았다.
이게 거의 불가능에 가까울 만큼 힘든 운동이라는 것을.
아무리 장을 볼 때부터 신경 쓰고 필요한 것만 구입해도, 냉장고나 냉동고에서는 상한 음식이 나오고 만다.
외식을 할 때는 99%로 남기는 반찬이 생기고, 그걸 싸 가지고 와 집에서 먹으려고 보면, 맛도 없고 향기도 없어, 보기조차 싫어지는 것이다.

역시, 개운법은 세상 어려운 일임에 틀림없었다.

–그래서 나름 '개운 운동'을 하는 중이야. 운을 여는 운동이라 해도 좋고, 나쁜 운을 좋은 것으로 바꾸는 운동이라 해도 좋고. 개,운,운,동. 간단하게 줄여, '개,운,동'이라고! 그만 좀 웃으라니까. 이것들이.

3 성공의 열쇠

얼마 전 텔레비전에서 아주 재미있는 이야기를 들었다.
성공한 사람들은 아침에 일어나서 침구를 정리하는 습관이 있다는 것이다.
그러고 보니, 친구가 알려 줬던 개운법에도 비슷한 종류가 많았던 것 같다.
집안을 청소하라.
낡아서 안 쓰는 것들을 버려라.
특히 부서지고 고장난 것은 빨리 고치든가 치워야 한다.
집은, 현관부터 깨끗이 청소해 놓는다.

그런 말들을 듣고 또 혼자 곰곰 생각해 보았다.
이것들의 공통점은 무엇인가.
왜 이런 행동들이 성공이나 행운을 불러들인다고 하는 것일까.
일단 이 글을 쓰는 시점에서는 두 가지로 의미를 압축할 수 있을 것 같다.

나중에 더 많은 정보를 얻는다면 다른 의미도 찾아낼 수 있겠지만.

먼저 첫 번째 의미는 자신의 가까운 주변부터 말 그대로 '깨끗이 해야 한다'는 것이다.

지위가 높아지고, 자신의 사업체가 크게 성장하고, 사랑하는 사람을 만나 행복한 가정을 이루고... 그 모든 성공과 행운은, 바로 '자신'이 받아 이루어지는 일이다.

만약 행운을 실은 '오라'나 '기운'이 있어, 그게 하늘에서 벼락처럼 떨어진다면... 그 섬광이, 시멘트 건물인 회사나 아파트에 떨어지는 게 아니라, 바로 주인공인 '인간'에게 떨어지지 않을까.

그런데 행운을 받을 자신이 더러워서야 되겠는가.

자신의 주변이 더럽고 어지러워서야 행운의 맑고 깨끗한 기운이 찾아들겠는가.

자신을 깨끗이 해야 할 뿐만 아니라, 주변 환경을 깔끔하게 정돈하는 것이 당연하다.

행운의 벼락이 떨어질 때 그 기운을 잘 흡수할 수 있도록 정리 정돈을 잘해 둔다.

그리고 두 번째 의미는, 성공한 사람들은 모두 막대한 돈을 굴리고, 글로벌 기업을 운영하는 등, 큰 일만 잘한다고 생각하는데, 그게 아니라는 것이다.

성공한 사람들은 작은 일과, 시작되는 일부터 잘 해낸다는 의미인 것 같다.

아침에 일어나 이불을 개고, 시트를 정리하는 것은 하루의 시작이다.
모든 일에서 시작이 얼마나 중요한가.
'시작이 반이다'라는 격언을 우리는 알고 있고, 더 친근하게는 '천 리 길도 한 걸음부터'라는 속담도 알고 있다.
천 리에서 한 걸음은 얼마나 작은가.
그러나 그 한 걸음을 시작하지 않으면 결코 천 리는 가지 못한다.

달리 말하면 이렇게도 중요한 '시작'은 대부분 작고 사소해 보인다는 뜻도 될 것이다. 그래서 대충 해치우고 나중을 도모하려 든다면 낭패를 본다.

한마디로 성공을 하려면, 시작을, 그리고 작고 사소한 일부터 잘하라는 의미인 것 같다.

오, 생각해 보니, 이것은 마치 내가 못과 나사 같은 사람이 되어, 제자리에서 열심히 글을 쓰겠다고 다짐한 것과 같은 게 아닌가.

돌고 돌아 생각해 보면,
작은 것이 소중하고,
사소한 일처럼 보이는 것도 '성공'의 기초 공사가 되니,
최선을 다해야 한다.
그런 사람에게 성공은 남의 잣대가 아니라, 자신의 기준으로 이미 찾아와 있는 것인지도 모르겠다.

4 뒤통수에 눈을 달고

나는 가끔 신체의 한계를 느낀다. 하긴 가끔이 아니라, 인간은 애초 다른 동물에 비해 육체적인 능력이 많이 떨어지는 것 같다. 다람쥐조차도 고 작은 몸이 전부 근육이고, 지방은 하나도 없다는 말도 들었다.

뭐, 그렇게 근력이 뛰어나길 바라는 것은 아니다.

내가 바라는 것은, 다른 것은 모르겠고 더도 말고 덜도 말고, 뒤에도 눈이 하나 달렸으면 좋겠다는 것이다.

물론 24시간 앞, 뒤로 세상을 살펴보자면 정신이 없을 것이므로, 뒤통수의 눈은 대부분 감겨 있다.

그러다 내가 한 장소에 30분 이상 머물렀다 떠날 때 갑자기 확, 눈을 뜨는 것이다.

그리고 내가 앉았던 자리를 스캔한다.

얼마나 쓰레기를 버렸는지,

얼마나 주위를 어지럽혔는지,

어디가 얼마나, 내가 오기 전과 달라졌는지.

우리는 카페에 들어가 테이블과 주변이 깨끗한가 확인하고 자리에 앉는다.
그러나 떠날 때는 미련 없이 자리를 뜬다. 자기가 머물렀다 떠난 자리가 어떤 꼴이 되었는지에 대해서는 신경 쓰지 않는다. 혹 놓고 가는 소지품이 있나 돌아보기는 해도, 떠나는 자리의 모습에 대해서는 신경을 쓰지 않는 것이다.

앉았다 떠나는 시간이 불과 한두 시간이라도, 자리는 나의 과거 행적을 적나라하게 보여 준다.
무엇을 먹고, 무엇을 했는지.
아까운 냅킨을 여러 장 뽑아 돌돌 말거나 쓸데없이 낙서를 해 놓으니, 휴지가 '나'로 남아 있다.

우리는 사람을 만날 때, 처음엔 앞만 보게 되지만, 관계가 지속되면 그의 뒷모습도 보게 된다.
어떤 일이든, 어떤 사람이든, 앞과 뒤가 있게 마련이다.

그래서 나의 뒤를 깨끗이 하는 것도 일종의 개운법으로 쓸 수 있지 않을까 생각했다.
식당에 가서 음식을 깨끗이 먹고 나면 반드시 그릇과 수저를 가지런히 정리한다. 직원들을 위해서가 아니라 내가 뿌듯하게 나가기 위해서다.

처음 들어갈 때 손님으로 환대를 받는 것은 직원들 덕분에 으쓱해지는 것이라면, 뒷정리를 깨끗이 하고 나가면 나 스스로 뿌듯하다.

이런 생각을 하다 보니... 문득 내가 언제부터 뒷모습에 대해 신경을 썼는가 궁금해진다.

그리고 아주 중요한 사실을 깨달았다.

뒤를 돌아볼 줄 안다는 것은,
자신과 타인과 세상의 뒷모습을 생각한다는 것은,
시간이 흐르고 세월이 흘러감에 따라 얻은 지혜가 아닐까 싶은 것이다.

젊었을 땐 정말 앞만 보고 달렸다.
마치, 미래밖에 없는 사람처럼.
내일은 이걸 하고,
내년엔 꼭 이걸 하고,
십년 후엔 이걸 이루어서, 성공하는 삶을 살아야지.

어제 무슨 일을 했는지,
한 달 전 어딜 갔는지,
작년엔 어떤 일을 하고 살았는지,
과거를 돌아보지 않았다.
지나간 일에 대해서는 생각하지 않았다.

그러나 사람의 '성공'을 판단하는 기준은 그가 이룬 것들, 가진 것들, 즉 '과거'를 통해 평가하기 마련이다.
대부분의 성공은 과거에 있다. 실패 또한 과거에 있다.

과거는 지나간 것이지만 결코 사라지지 않는다.
언제나 내 뒤에 과거가 있다는 것을 알아야 한다.
과거를 중시한다는 것은 나이가 들었다는 방증이겠지만, 지혜로워지는 증거인지도 모른다.

결국 나는 머릿속에서나마 뒤통수에 눈을 달기로 했다.

5 빅 데이터 기반의 딥 러닝 학습을 끝낸 인공 지능 휴머노이드를 엿 먹이는 기술

아주아주 무서운 이야기를 듣고 말았다.

절에 다녀오신 어머니가 점심 공양을 하셨다길래 별 생각 없이 한마디를 던졌다. 절밥이라 틀림없이 메뉴가 비빔밥이었을 테니 '거기 달걀 프라이만 하나 올라가도 더 맛있을 텐데.'라고 말한 것이다.

그랬더니 어머니께서 질겁을 하신다. 절에서는 닭고기보다 달걀을 더 금한다는 것이다.

살생과 육식을 금하는 종교니 닭고기야 그렇다고 치고, 달걀까지는 지나치다고 했다가 더욱 혼이 났다.

당신도 젊었을 때 들은 이야기로 어느 스님이 이렇게 말씀하셨다고 한다.

'달걀 하나에 얼마나 많은 닭들이 담겨 있는가.'

이 알이 부화해 닭으로 자라면 앞으로 얼마나 많은 알을 낳을 것이고, 그 알들이 또 부화해서 닭으로 자라고 알을 낳게 되는 것을 생각해 보라.

하긴 지금 세상의 모든 닭은, 달걀 하나, 닭 한 마리에서 시작되었을 것이다.
기독교식으로 보자면 성경에 나오는 노아의 방주에 탄 동물들처럼.
모든 생명은 하나, 그리고 둘에서 시작된다.

이번엔 어머니께 '부화할지 말지 누가 아느냐. 병아리 때 솔개한테 먹힐지도 모르는데.' 따위의 말은 하지 않았다.
그저 우리가 가볍게 먹어 치우는 먹거리 하나에도 '미래'를 생각하라는 그 말씀을 가슴 깊이 새겼다.
그 후로 '알'을 예사로 볼 수가 없었다.

그러니 알탕이 얼마나 무섭겠는가.
내가 맛있게 먹는 알 한 덩이가 얼마나 많은 명태가 될 텐데. 그 미래를 먹어 치우다니.
그렇다고 맛있는 알탕을 포기할 수도 없고.
심지어 맛집으로 소개된 식당에서 '알'을 냄비의 절반 가까이 수북이 쌓아 주는 장면을 보며, 맛있겠다는 생각과 동시에 무섭다는 생각도 했다.
'사느냐, 죽느냐' 대신 '먹느냐, 마느냐'라는 극심한 내적 갈등도 겪게 되었다. 하릴없이, 내가 믿을 것은 과학 기술의 발전밖에 없다고 생각했다.

빨리 양식 기술이 발전하고, 빨리 다른 식재료로 '명란'과 똑같은 맛과 식감을 내는 인공 알을 만드는 기술이 발전하기를... 인공 식량 기술이 발전하기를 바랄 뿐이었다.

그러나 희망은 보기 좋게 박살났다.

어업 기술은 차치하고 과학계가 경고하고 나선 것은, '피크 미트' 사태였다.

소득 증가로 육류 소비가 정점을 찍게 되는 '피크 미트' 사태가 일어나면... 필연적으로 '기후 비상 사태'가 일어난다는 것이다.

시기 또한 놀랍게도 그리 머지않은 2030년이었다. 그때가 되면 우리는 끔찍한 기상 악화 현상으로 수많은 피해를 입게 된다고!

때문에 과학자들은 영국의 과학 학술지에 '각국 지도자들에게 전하는 서한'을 게재하기까지 했다. 그 편지에서 그들은 피크 미트 사태를 막기 위한, 해결책을 이렇게 제시했다.

지구 온난화, 농업 비생산성의 원인인 축산업의 규모를 상당히 축소시켜야 하고, 무엇보다 사람들이 고기를 덜 먹게끔 만들어야 한다고, 말이다.

그러니까 실상은 내가 가끔 먹는 '알'이 문제가 아니라, 서양인의 주식인 '육류'부터 먼저 대체 식품을 만들어야 할 판이었던 것이다.

바꿔 말하면 우리의 기술은,

삶의 질과 미래 먹거리 자원을 위해 수산물을 가공 보존하는 기술은커녕, 지구와 인류가 위험한 지경에 이르렀음에도, 소고기나 돼지고기를 대체하는 식재료도 만들어 내지 못한 수준이었다.

이럴 수가. 지금이 어떤 시대인가.

이미 A.I.가 바둑을 비롯한 고도의 사고력이 필요한 게임에서 인간을 추월하지 않았는가.

하이테크놀러지는 우리를 우주로, 화성으로, 데려갈 준비를 하고 있는데.

총기와 미사일과 전쟁에 필요한 생화학 기술은 얼마나 발전을 거듭하고 있으며,

초소형 폭탄과 곤충형 감시 로봇은 이미 개발이 완료되었다는 소식도 들려오지 않는가.

하나뿐인 지구가 전쟁은커녕 사람들이 먹어 치우는 '소고기' 때문에 죽어 간다는데,

명란이나 달걀, 심지어 소고기와 똑같은 맛을 내는 대체 먹거리는 만들지도 못하면서,

어차피 죽어 가는 지구를 완전히 박살 낼 기술을 만드는 데 나라마다 수조 원을 투자하고 있다.

생명을 살리는 기술 대신, 생명을 죽이는 도구가 훨씬 빨리 개발되고 있으며,

평범한 시민들의 행복을 위한 기술보다, 권력자들의 욕망을 채워 주는 기술에 어마어마한 돈이 투자되고 있는 것이다.

물론 이해는 한다.
인류 역사는 전쟁과 침략의 역사이므로.
전쟁이라는 최악의 상황에서 국민들의 소중한 생명을 지키기 위해서는, 다른 나라만큼 우리도 비슷한 수준으로 방위 산업에 투자할 수밖에 없다는 것을.

그래서 나의 바람이란, 전 세계 과학자들 모두가 이 일에 뛰어들기를 바라는 게 아니다.
다만 몇몇 과학자만이라도 우리의 먹거리에 관심을 가져 주었으면 좋겠다는 것이다.
어쩌면 내가 모를 뿐, 대체 식재료를 만드는 연구가 활발하게 진행되고 있을지도 모르겠다.
부디 그러길 바라 마지않는다.
하지만 지금으로선 그런 소식을 듣지 못했으니 이런 상상을 할 수밖에.

혹, 예술 창작 분야에서 인간의 상상력을 뛰어넘은 휴머노

이드를 만나게 되면, 녀석의 노벨 문학상 수상을 축하하기 위한 만찬으로는 반드시 알탕을 준비하겠노라고.

나는 숟가락으로 뜨끈한 국물과 함께 알을 한 덩이 떠서, 녀석에게 보여 주며 한마디 할 것이다.
-이게 알탕이라는 거야. 우리들이 너를 만들고 수십 번 업그레이드시킬 동안에도, 이걸 대체할 건 만들지 못했어. 어때, 대단하지?

6 호캉스고 홈캉스고, 최고의 휴가는

낮에는 무더위, 밤에는 열대야와 씨름해야 하는 여름이다.
1일 1씨름이라면 어떻게든 견뎌 보겠지만. 밤낮없이 씨름을 하다 보니 사흘만 지나도 샅바를 잡을 기운조차 없다.

-더위야, 그냥 네가 이겼다 치고, 물러가 주면 안 되겠니?
녹초가 되어 달래 보지만, 폭염이란 녀석은 내가 씨름 선수가 아님을 눈치채고는 더욱 맹렬하게 몰아친다. 잔인한 놈.

이쯤 되면 말 그대로 더위를 피하는 피서나, 휴식을 취해야 하는 휴가가 필요하다. 그중 '호캉스'라는 게 눈에 띈다.
우리나라 호텔에서 보내는 바캉스라니, 마음에 쏙 든다.

대개 난기류는 기온의 영향을 많이 받는다고 한다. 대기는 기온이 낮을수록 안정되고, 기온이 높을수록 불안정해진다. 때문에 낮 비행보다는 밤 비행이 난기류를 만날 확률이 적다는 이야기를 들었다.

그러나 나로서는 밤에 하늘을 날아야 하는 것은 꽤 두려운 일이다. 캄캄한 하늘에, 언제 어디서 무엇이 튀어나올지 어떻게 알겠는가 말이다.

이래저래 밤이고 낮이고, 비행기를 타는 것은 스트레스를 넘어 두려움의 대상이 된다. 그 비행기를 피할 수 있으니, 무엇보다 호캉스가 마음에 쏙 든다.

다음으로 호캉스가 좋은 점은 말 그대로 휴식을 취할 수 있다는 점이다.

떠나는 계절이 여름이다 보니, 아무래도 남반구로 떠나지 않는 이상 무더위를 피할 수는 없다.

생각해 보면, 휴가를 간다는 기분에 들떴다가 정작 홍콩과 도쿄의 고온다습한 무더위에 피부병을 얻어 오기도 했다.

올해는 유럽조차 이상 기온으로 40도 가까이 올라갔다는 소식이 들린다.

간단한 지리학 상식으로 우리나라는 '동북아시아'이므로 북한이나 러시아, 중국의 고원으로 갈 게 아니면, 가까운 국가는 대부분 우리나라 남쪽에 자리잡고 있다.

때문에 까딱 잘못하면 폭염을 피하는 '피서'가 아닌, 폭염에 피폭을 당하는 '피서'가 될 수도 있다.

무더위를 피해 폭염이 들끓는 곳으로 가는 아이러니한 상황을 맞게 된다.

그래서 휴가가 끝나면 더욱 더위에 지쳐 돌아오는 일이 다반사다.

그러나 호캉스는 잘 쉬고 피곤하지 않은 몸으로 일상으로 복귀할 수 있다.

한 가지 단점이라면, 경제적으로 부담이 크다는 것.

때문에 나는 '홈캉스'를 즐기기로 했다.

나름 휴가 기분을 내기 위해, 일단 날짜를 7월 말과 8월 초의 주말로 정했다. 그리고 휴가에 맞춰 목요일과 금요일에 걸쳐 준비도 해 놓았다.

내가 좋아하는 음식 중 조금 가격이 비싼 메뉴를 정해 미리 사 놓은 것이다. 화덕 피자와 숯불구이 통닭을 사 놓고, 유혹을 견뎠다.

그리고 휴가 당일.

아침부터 후끈한 열기가 집안에 들이치자마자, 문을 꼭꼭 닫고 에어컨을 틀었다. 이 날만은 스스로에게 눈치 주지 않고, 마음껏 시원함을 만끽하기로 했다.

읽고 싶었던 책을 꺼내 놓고, 보고 싶었던 영화도 이미 골라 놓았다.

그런데 11시쯤, 갑자기 전화벨이 울린다.

얼른 전화를 받고 보니, 저쪽의 다급한 목소리에 나도 같이 마음이 조급해진다.

상대의 일 재촉에 저도 모르게 네,네 대답해 버리고...

나는 결국 책상 앞으로 되돌아왔다.

이제 에어컨을 최강으로 틀어도 머리에서 뿜는 김을 식히지 못할 것이다.

크... 난기류와 밤 비행의 두려움이, 뭔가.

큭... 간단한 지리학 상식은, 또 뭐란 말인가.

최고의 휴가란,
핸드폰만 없어도 되는 것을.

7 굳이 먼 길로 돌아가는구나

 당시엔 한동안 거울을 볼 기회가 있으면 자신의 얼굴을 요모조모 뜯어보았던 것 같다.
 '관상'이란 영화가 나오고 많은 사람들이 얼굴의 생김새에 관심을 가졌던 때였기 때문이다.

 누구나 자신의 운명이 궁금할 것이므로, 어른들은 사주를 보러 다니고, 아이들은 타로를 보러 다닌다. 그러나 관상을 보러 갔다는 이는 내 주변에 드물다.
 그럼에도 불구하고 정작 본인이, 비전문가나 아마추어 수준을 넘어설 정도로 관상을 볼 줄 아는 사람도 꽤 있다.
 내 주위에도 그런 사람이 있어, 만날 때마다 나를 뜯어보며 이런저런 이야기를 해 주었다.
 그리고 그 이야기는, 천체의 운행이나 음양오행에 관련된 어려운 용어가 아니라, 내 얼굴의 생김새를 직접 따지는 것이니 귀에 쏙쏙 들어왔다.

당연하게도 그 다음부터 화장실에서 거울을 보게 되면 아쉬운 점에 눈이 가고 만다.
 -콧대가 좀 더 널찍하고 시원하게 뻗었어야 하는데...
 이러면서 양손 검지로 콧대 옆을 신나게 문지르거나,
 -눈이 가늘고 길게 날아갈 듯한 봉황눈이었으면...
 이러면서 눈가에 손가락을 대고 옆으로 쫙쫙 찢어 대거나,
 -귀는 눈 아래 쪽에 붙어 귓볼이 두툼하게 늘어졌다면 복이 있을 걸.
 이러면서 귀를 붙들고 또 쭉쭉 아래로 잡아당기고 있다.

 그렇게 요리조리 얼굴을 주무르며 무료로 운명을 손보려다, 그만 좀 나와 달라는 가족의 부름을 듣는다.

 급한 목소리에 얼른 화장실 밖으로 나오며 정신을 차렸다.
 아, 하는 일이 잘 되길 바라는 마음이야 같겠지만, 나는 너무 먼 길을 돌아가고 있구나.
 눈앞에 펼쳐진 일에 전력투구할 생각은 하지 않고, 얼굴이 달라지길 바라고 있다니.

 써야 할 글이 이렇게 많은데, 열심히 글을 쓰고,
 다음으로, 주변 분들과 협력을 잘 하고,
 그리고 또 도움을 준 분들께 감사 인사도 전하고.

참으로 많은 일이 앞에서 기다리고 있건만, 엉뚱한 길에서 헤매고 있어서야.

모든 일은 '진인사대천명'이다.
사람으로서 먼저 할 일에 최선을 다 하고,
그 다음, 하늘의 운을 기다려야 마땅한 것이다.
그렇게 옛말을 또 하나 마음에 심어 놓고, 나는 다시 길을 찾아 돌아왔다.

8 이런 게 없을까, 3 - 맛집에서의 1인 합체석

 나는 프로그램의 콘셉트가 '맛집 소개'여서 한 시간 내내 음식이 나올 때보다,
 다양한 코너 속에서 잠깐 소개되는 맛집의 음식을 볼 때, 더욱 식욕을 느낀다.
 아마 짧은 시간이라 임팩트가 강렬해, 음식에 더 식욕을 느끼는 것 같다.

 5분 내외의 코너지만, 거기엔 몇 대에 걸쳐 맛을 지키는 노포와 전국 각지에서 손님이 찾아온다는 유명 식당의 음식들이 나온다. 그리고 내 식욕도 최고조로 치닫는다.
 평소 즐기지 않는 음식이건만, 그때만큼은 마치 아주 좋아했던 메뉴인 양, 입맛이 돈다.
 그것들을 보기만 하는 것이 얼마나 괴로운 줄 알면서도 나는 무엇에 홀린 듯 채널을 멈춘다.
 보글보글 끓는 얼큰한 찌개와 지글지글 굽히는 고기의 자태는 아름다운 풍경인 양 내 시선을 끌고. 그것을 먹지 않으

면 큰일날 듯, 당장 먹고 싶다는 욕망에 사로잡힌다.

그러나 천만다행으로 그 음식을 먹기엔 두 가지 난관이 존재한다.

첫 번째 어려움은 '거리'다.

음식점들은 모두 내가 살고 있는 곳에서 수십, 수백 킬로 떨어져 있는 곳에 있다. 당장 갈 수 있는 곳이 아니다.

그래서 스마트폰에 따로 메모를 해 두는 걸로 대신한다.

언제 저 도시에 볼일이 생겨 가게 되면 꼭 먹자... 사뭇 진지하게 다짐하며.

그 메모가 벌써 스크롤을 여러 번 해야 할 만큼 쌓였다.

메모에는 대도시와 위성 도시, 지방의 중소 도시와 산골, 심지어 남해의 어느 섬에 있다는 민박집 밥이 그렇게 맛있다는 내용도 담겨 있다. 거기는 간판도 없고, 주인 아주머니가 숙박객에게 차려 주는 아침밥일 뿐인데, 아주 맛있다고 한다.

이렇게 거리가 멀어 다음 번을 기약하고 나면, 방송이 끝남과 동시에 식욕이 조금 수그러든다.

그리고 두 번째 난관은 정작 그 식당을 찾아갔을 때도, 먹을 수 있을지 모른다는 것이다.

기껏 찾아가도 먹지 못하는 사단이 발생할 수 있다. 더욱이 이것은 혼자 힘으로는 해결할 수 없다.

바로 음식의 양이 너무 많은 것이 문제기 때문이다. 화면으로 보기엔 푸짐하고 먹음직스럽지만, 한 상 가득 깔린 음식을 어떻게 혼자 다 먹을 것인가.

나는, 상다리가 휘어지게 나오거나 탑처럼 고기를 쌓아 놓은 푸짐한 음식에 끌린다.
작은 가마솥에 각종 약재와 함께 오리 한 마리를 통째로 넣고 끓여 주는 '한방 오리 백숙'이라든가.
30첩 반상이 딸려 나오는 정식이라든가.
최근엔 만두 찜기를 이용한 '5단 해물찜'을 봤는데, 층층이 맛있는 해산물이 쌓인 것을 보고 군침을 흘렸다.
그러니 아까운 돈을 버리는 셈 치지 않으면, 혼자 가서 '오리 한 마리'나 '30첩 반상'은 먹을 수가 없다.
더욱이 음식을 남기지 않는 개운동까지 하고 있지 않은가.

그러다 문득 나와 같은 사람이 많을 거라는 생각이 들었다.
현재 우리나라 1인 가구는 599만 가구로 전체 가구의 30%에 육박한다고 한다.
그러니 이런 식당에서 1인 합석 예약제를 실시해, '1인 합석 테이블'을 만들어 주면 어떨까.
이렇게 푸짐한 메뉴를 혼자 오는 손님도 즐길 수 있게끔 말이다.

먼저 식당은 '1인 합석'이 가능한 시간을 따로 정해 둔다. 시간은 15분 단위로 점심 3번, 저녁 3번 정도로 정한다.

그리고 8인용 테이블을 개조해 혼자 온 손님 4명이 함께 먹을 수 있는 자리를 만들어 놓는다. 널찍하게 서로 살짝 비껴 앉은 자리에서 조용히 식사를 할 수 있도록.

아무래도 모르는 사람끼리 같은 음식을 나눠 먹어야 하는 것은 매우 불편한 상황이므로, 이런 준비가 필요하다. 처음 보는 사람끼리 마주 보고 갈비를 뜯을 수는 없으니.

그리고 테이블에서 직접 조리해야 하는 메뉴라면 전담 직원이 있어 조리와 음식의 분배까지 도맡는다. 오리는 다리가 두 개지만, 직원이 살을 발라 내더라도 최대한 공평하게 나눠주도록 한다.

그리고 가장 중요한 것은 널찍한 테이블과 전담 직원의 서비스를 받았으니, 손님은 조금 비싼 가격을 지불해야 하는 것이다.

1인 손님은 시간을 지켜야 하고, 4인이 모이지 않으면 아예 식사를 못 할 수도 있고, 서비스와 테이블 차지 요금으로 2,30% 정도의 비싼 가격에 식사를 해야 한다.

예를 들어, 56000원의 한방 오리 백숙을 4인으로 나누면 14000원이 되겠지만 1인 손님은 16800원 이상을 내고 먹어야 한다.

하지만 그렇게 해서라도, 맛있고 푸짐한 음식을 먹을 수 있다면 나는 먹으러 갈 것 같다.

-그리고 한정식은, 아예 반찬을 서른 가지 담을 수 있는
 1인용 식판을 따로 제작하는 거야.

오늘도 신나게 말을 이어가다 상대의 한심한 눈빛을 깨닫는다. 그 눈이 이런 말을 하고 있다.

-어쩌면 너는 먹는 일에만 그렇게 신이 나서 떠들어 대는
 거냐. 글은 잘 쓰고 있냐?

뜨끔하다.
하지만 기가 죽지는 않는다.
푸짐하고 맛있는 음식을 혼자 사는 사람도 즐길 수 있는 방법을 생각한 것뿐인데, 뭘.
그리고 혹시, 정말 이런 시스템이 나올지 누가 알겠는가 말이다.

9 농부의 결기

 만약 별다른 사고 없이 이대로 늙어 간다면, 내게도 가장 무서운 병은 알츠하이머, 즉 치매일 것이다.

 나이 지긋하신 어머니도 치매의 공포는 완전히 다른 무게로 느껴지시는 듯하다.

 당신은 성당이나 절 등, 어디 가서 기도를 하게 되면, '치매는 안 됩니다. 치매에는 걸리지 않게 해 주세요.'라고 간절히 빌고 오신다니 말이다.

 그런 어머니가 자주 시청하시는 '6시 내고향'이란 프로에 노인분들이 잔뜩 나온다.

 예전엔 시골이 적적하고 힘들어서 싫다고 하시더니, 아흔을 넘긴 할머니가 정정하게 밭에 나가는 모습을 보며 어머니는 생각이 많으신 듯했다.

 당신의 일과는 요 몇 년 똑같다. 오전에 동네 목욕탕에 다녀와서 아침을 먹고, 집안일을 하고, 뒷산에 올라가 운동을 한다. 돌아와 점심을 먹고, 노인정에 가거나 장을 본 다음, 저녁을 먹고, 나머지는 쭉 텔레비전을 시청하는 것이다.

특히 일일 드라마는 일부러 그렇게 시간을 맞춘 것인지. 공중파 채널의 드라마는 끝나고 이어지는 게 절묘하게 맞아 들어가 3개의 드라마를 빠짐없이 시청할 수 있게 돼 있다.

거기에, 주말에는 친구분과의 모임이나 계도 있으니, 나름 바쁜 생활처럼 보인다.

하지만 내가 아쉬워하는 것은 '꼭 해야 할 일'이 없다는 것이다.

육체와 정신을 사용하는 일에 있어서, 반드시 해야 할 일이 없다는 것… 그게 아쉽다.

농촌에서 생활하는 것은 '자연'과 더불어 '노동'과의 싸움이다.

특히 자연의 힘은 얼마나 무서운지, 어머니는 그 처절했던 싸움을 아직도 기억하신다.

잡풀은 하루가 다르게 솟고 자라나, 뽑아 주지 않으면 밭과 묘목을 덮어 버린다고.

익은 고추나 가지는 빨리 따지 않으면 쓴 내가 올라오니, 익는 것도 무섭다고 하셨다.

그러니까 '시골살이'란 게, 해도 그만, 안 해도 그만인 게 아니라, 온통 쫓겨서 해야 할 일에 허덕이는 것이다.
이것은 또 해야 할 일이 너무 많아 문제였다.

딴에는 절충안이라고 이런 제안을 해 보았다.
아주 작게 텃밭을 일구어 몇 가지 채소만 키우면 되지 않겠냐고.
그러자 어머니는 당장 고개를 저으셨다.
–땅을 놀리면 어떡하냐. 빈 땅은 놔두는 법이 아니다. 뭐라도 심고 키워야지.

아!
나는, 농사에 대한 내 생각이 얼마나 안이하고 얄팍한 것인가를 깨달았다.
작은 텃밭이라는 게, 욕심이 없는 게 아니라 나태하고 게으른 태도의 발현일 뿐이라는 것을.
'자연'과의 싸움을, 농부라는 직업을, 만만히 보다니.
더욱이 시시각각 자라는 생명을 키우는 일인데도 말이다.

문득, 일은 힘들고 괴롭겠지만... 농부들의 결기와 그 근면 성실함이, 치매를 조금이나마 늦추는 것인지도 모르겠다는 생각이 들었다.

10 시골살이의 문제점

 사실, 농사 운운할 뿐, 나 역시 섣불리 시골로 내려가 정착하지 못하는 이유는 따로 있다.
 남들은 비웃겠지만, 내겐 심각한 문제다.
 바로 바퀴벌레와 쥐가 너무 무섭다는 것이다.
 그러나 시골에서는 녀석들과 함께 살아야 한다.

 그뿐만 아니라, 나는 여름이 되기도 전에 모기에게 물리며,
 여름밤 대여섯 명이 함께 자도 혼자 모기에게 난자당하며,
 겨울인 것 같은데, 어디서 어떻게 물리는지 모기에게 뜯기는 사람이다.
 그러니 시골에 가면 얼마나 많은 모기들이 좋아라 달려들겠는가.
 대숲의 모기는 청바지도 뚫는다는데…
 밤마다 내 주위에서 파티를 벌일 녀석들을 생각하면, 시골살이가 무섭기만 하다.

그래서 강력한 모기 기피제와 바퀴벌레 퇴치제, 쥐약을 찾고 있다.
이것만 있으면, 당장 시골로 달려갈 태세로.
빈집도 그렇게 많고, 노인분들뿐이라 일손도 부족하고 놀고 있는 땅도 많다니.
아주 벼르고 있는 중이다.

남들은 겨우 '벌레' 때문에, 그렇게 열망하던 곳으로 가지 못한다는 나를 이해하지 못하지만...

나는 알고 있다.
삶은 크고 거대한 문제로 한 번에 무너지기보다는,
작은 문제가 쌓이고 곪아서 터지는 경우가 더 많다는 것을.
그래서 이 문제를 가볍게 무시할 수가 없는 것이다.

그 말을 했더니, 친구들은 다시 신이 났다.

-그보다는 차라리 네가 바퀴벌레나 모기에 적응하는 게
 빠를 것 같은데.
-지금부터 훈련해 보는 게 어때? 몇 마리 보내 줘?

꺼져!

11 너의 단점을 내가 알려 주마

  자신의 모습을 알 수 있는 방법으로 가장 좋은 것은, 자신이 의식하지 못할 때의 모습을 보는 것이다.

  의식하지 못할 때…

  그러니까 쉽게 말하자면 '몰래 카메라'에 찍힌 자신을 보는 것과 비슷하다.

  하지만 조금이라도 눈치를 채면… 카메라에 찍힌다거나, 녹취를 당하고 있는 것을 알게 되면, 사람은 자신을 꾸미기 마련이다.

  그러므로 상대의 단점을 보여 줘 깨우쳐 주려면, 상대가 모르도록 기회를 잘 포착해야 한다.

  사람들과 상담업을 하게 된 지인이 고민을 토로해 왔다.

  과연 자신이 상담을 잘 해내겠는가, 두려움이 많다고 했다.

  나는 내용은 모르겠으니, 일단 외적인 스킬을 점검해 보라고 말했다.

  무엇보다 말을 천천히 해야 한다고 조언했다.

그는 상당히 말이 많고, 말의 속도가 빠르며, 중언부언 한 말을 되풀이하는 버릇까지 있었다.

그러나 그는 내 충고를 듣고, 고개를 저었다.

자신은 절대 말이 빠르지 않다는 것이다.

하도 자신만만하게 부정하길래, 내가 녹음을 해 줄 테니 한번 들어 보라고 했다.

그리고 다음에 만났더니 그의 태도가 변했다. 나를 만나면 '녹취를 당할지도 모른다'는 생각을 하는 것인지, 경계를 하며 의식적으로 천천히 또박또박 말을 하는 것이다.

그러나 나는 여유 만만했다. 그것이 오래가지 못할 것임을 알고 있기에.

아마 사람의 습관 중에 가장 바꾸기 어려운 것이 언어 습관일 것이다. 말하는 투나 속도, 목소리 톤 같은 것은 정말 고치기 힘들다.

아니나 다를까, 얼마 안 있어 그는 무의식적으로 본래 대로 돌아가고 말았다.

이야기를 나눈 지 한 시간여 만에 원래의 말투로 돌아가 버린 것이다.

나는 그가 잠깐 자리를 비운 틈을 타, 얼른 핸드폰의 녹음 기능을 켜고 의자 위에 올려 놓았다.

그리고 다시 자리로 돌아온 그와 한 시간 가까이 대화를 나누었다.

집에 돌아와 틀어 보니, 아주 가관이었다.
그가 아니라, 내가.

상대의 속도에 지지 않게, 내 말도 빨리 달아나고 있었다.
그뿐이랴. 상대를 무시하거나 비웃기도 하고. 그의 말을 자르며 내 말이 잘도 툭툭 튀어나온다.
내가 이렇게 말을 하는 줄 몰랐다.
세상에나...... !

다음 번에 그를 만났더니, 그가 의아한 듯 묻는다.
무슨 일이 있었길래, 그렇게 아이처럼 수줍어 하냐고.

12 대단위 아파트는 이상하다

잠을 자려고 반듯이 누워 천장을 바라보고 있다.
이때가 아파트에 살며 가장 괴로운 때다.
침대의 위치를 애초 잘못 잡았다는 생각도 든다.
좀 다르게 놓을 걸.

잠이 들면 자세가 흐트러지겠지만 일단은 바로 누운 다음, 어김없이 이런 상상에 빠진다.
지금 나와 똑같은 자세로 누워 있는 사람이, 나의 아래와 위에 포개어져 수십 명이 되겠구나.
아파트란 것은 어찌 그리도 사람을 규격에 맞추어 놓는지.
만약 사람을 잡아먹는 괴물이 바깥에서 들여다본다면, 이건 정말 차곡차곡 포개어 놓은 도시락 상자가 아니고 뭐란 말인가. 층층이 똑같이 놓인 침대에서 사람만 쏙쏙 빼 먹을 수 있을 것 같다.
층만 다를 뿐. 비슷하게 정리된 공간에서, 비슷한 사람들이 꿈지럭거리고 있다.

수십 동이나 되는 아파트는 면적이 같으면, 내부 구조가 거의 동일한 것 같다. 방과 거실, 주방이 같은 위치에 있는 것은 당연하고, 우스운 것은 디테일한 인테리어까지 비슷하다는 것이다.

영상 기기를 꽂을 수 있는 단자와 콘센트의 위치가 일정하다 보니, 가전제품은 크기와 브랜드만 다를 뿐, 놓이는 곳이 거의 같지 않은가.

솔직히 재미가 없다. 그래서 아파트로 이사를 간 사람이 집들이에 초대하면 별 기대를 안 한다.

아파트는 브랜드와 상관없이 구조가 비슷하다고 생각하기 때문이다.

그들은 내가 좀 더 놀라워하길 바라지만 연기가 서툰 나는 과장하지 않는다. 잘못하면 코미디가 되는 걸 알기에.

그러나 도시 근교로 이사를 갔다는 사람의 집은 먼 길을 마다 않고 가 본다.

집을 소개해 주는 프로가 인기를 얻고 있는데, 아파트가 별로 나오지 않는 이유도 같은 게 아닐까 한다. 비싸서, 라기보다는 재미가 없기 때문일 것 같다.

제주도 편이 시청률이 높았던 이유는, 소개해 주는 모든 집이 완전히 달랐기 때문이다.

도시의 집들은 희한하게 아무래도 비슷해 보이는데…

제주도의 집들은 가는 길부터가 돌담이라든가, 감귤밭이라든가, 풍광이 아주 달랐다.

그리고 집의 외관도 실내도 제각각 완전히 달라 구경하는 재미가 쏠쏠했다.

무엇보다 내가 대단위 아파트를 볼 때마다 느끼는 궁금증은 이것이다.

왜 똑같은 건물을 수십 동이나 짓는 것일까?

그렇다고 박리다매로 싸게 많이 공급하자는 것도 아닌데. 웬걸. 단지가 커질수록 분양가는 더 비싼 것 같다.

많은 집을 한 번에 지어 싸게 공급한다면 이해가 가지만, 왜 개성 없는 대단위 아파트가 훨씬 비싼 것일까. 이해가 안 된다.

혹, '편리성' 때문인가?

대단위 아파트는 각종 편의 시설이 함께 입주해 있으니. 피트니스 센터, 수영장, 슈퍼를 비롯한 여러 상점이 함께 입주해 있어 편리하다고 하니.

그러나 그게 정말 편리한가?

단지가 너무 커, 피트니스 센터와 수영장까지 가는 길이 멀기만 하던데.

물론 교통비도 안 들고, 입주민은 무료로 사용할 수 있을지 모른다. 하지만 그걸 강조한다면 눈 가리고 아웅하며 속이는 꼴이 된다.

왜냐하면 그 무서운 관리비가 있기 때문이다. 편의 시설의 운영비가 거기 포함되어 있다.

실제 관리비가 100만원이 넘는다는 아파트 얘기를 듣고 몇 번이나 혀를 찼다.

그 돈이면 솔직히 피트니스 센터와 수영장의 정기 이용권을 끊고도 남을 것 같은데.

그리고 시간.
내가 항상 아까워하는 시간을 생각해 본다.
이것은 실제 경험한 일이다.

대단위 아파트에 살고 있는 지인의 집에 놀러갔더니, 아파트 입구에서 인터폰으로 관리 사무소에 출입을 허락받아야 했다. 그리고 안전바를 통과해, 그가 살고 있는 '동'의 주차장까지 다시 달렸다.

그렇게 도착한 주차장은 또 얼마나 넓은지.

겨우 빈 곳을 찾아 주차를 하고, 차에서 내려 엘리베이터까지 한참을 걸었다.

그러나 마지막 난관은 엘리베이터였다. 고층에 있던 엘리베이터는 내려오며 움직이고 서기를 반복했다.

나는 연신 시계를 보며, 시간을 확인했다.

이렇게 시간이 가는구나.

문득 여기 사는 사람들은, 아파트 정문에서부터 자기 집 현관에 들어서기까지 실제 시간이 얼마나 걸리는지 알고 있을까, 궁금해졌다.

혹, 겨우 아파트 정문에 도착한 걸로 집에 다 왔다고 착각하는 것은 아닐까.

집주인은 안전함과 편리함, 쾌적함을 만끽할지 모르겠다. 주변 인프라도 잘 돼 있고, 그와 더불어 집값이 오를 때를 대비해 투자를 한 것인지도.

그러나 방문객인 나는 시간이 너무 아까웠다.

주차 타워를 잘 갖추고, 두세 동만 있는 아파트가 생기면 좋겠다.

13 10년 만에 풀린 의문

 슈퍼 태풍이 온다고 한다.
 이미 9호 태풍 '레까마'가 중국을 휩쓸며 60여 명의 사상자와 이재민 800여만 명을 낸 후다. 그런데 이번 10호 태풍 '크로사'는 일본을 향하고 있지만 태풍의 반경이 1100km라, 우리나라도 영향권에 든다는 것이다.

 뉴스를 보며 자동차를 어디로 대피시켜야 할지 고민에 빠졌다. 지하 주차장은 비가 많이 오면 침수될 위험이 있고, 바깥에 두자니 강풍에 휩쓸려 다니는 쓰레기에 파손되면 어쩌나 싶다.

 심각하게 궁리를 하다 문득 태풍 때문에 고민을 하고 있는 자신을 깨달았다.
 태풍이 온다고 걱정을 하다니.
 예전과 너무 달라진 게 아닌가.

예전엔 태풍이 오면 남의 일이라고 생각했다.

태풍뿐만이 아니라 어떤 일도 나와는 상관이 없다고.

그게 참 희한한 게, 나쁜 일들, 심지어 자연재해 같은 것도,

'나를 피해 가는 것'이 아니라, '나와는 상관없는 일'처럼 느껴졌다는 말이다.

내가 관심 있는 것만이 세상에 존재한다고 생각했으니, 참으로 자기중심적으로 살고 있었던 것이다.

나의 청년 시절을 돌아보면, 거울 나라에 살고 있었던 듯. 사방으로 거울에 비친 자신밖에 보이지 않았다.

그때도 아르바이트를 하고, 기부를 하고, 시위를 하는 군중 속에 섞여 보기도 했지만,

어쨌건 나에게 재해와 악재들은 저 멀리 밖에 떨어져 있는 것들이었다.

그런데 점차 나이를 먹어 감에 따라, 이제는 그 모든 악재들이 나를 덮칠 수도 있다는 것을 깨닫게 되었다.

나는 전 세계 70억 인구 중 한 명이며, 아주 운이 좋아 대한민국에서 태어나 고등 교육을 받았으나, 운이 좋았던 것만큼 운이 나쁜 일도 당할 수 있다는 것을.

태풍이 우리 집을 휩쓸어 갈 수도 있고,

내 차가 불어난 빗물에 침수될 수도 있고,
하필 고장 난 트럭이 나에게 돌진할 수도 있는 것을...
드디어 걱정하게 된 것이다.

아! 그러고 보니...
이제야 그 장면을 이해할 수 있을 것 같다.

지금으로부터 10여년 전의 일이다.
어머니와 함께 여행을 하는데, 당신은 비행기가 무섭다고 기내에서 질색을 하신다.
비행기가 흔들리는 것도 무섭고, 추락할까도 무섭고.
오랜 시간 비행이었으나 기내식도 못 드시고, 잠도 거의 못 주무셨다.
나도 비행 공포증이 있지만, 어머니는 당장 죽음이 닥칠 것처럼 무서워하셨다.

이해가 되지 않았다.
혹, 불의의 사고에 휘말리게 되더라도... 앞날이 창창하게 남은 사람이 더욱 아깝고 슬프지 않은가.
당신보다 젊은 자식도 어쨌거나 비행의 공포를 이기려 애쓰는데, 환갑이 지나 삶을 거의 다 일군 어머니가 그토록 사고를 두려워하시는 게 이해가 되지 않았다.

그 장면을,
어머니의 두려움을,
10년 만에 이해하게 된 것이다.
나는 대범한 게 아니라, 자기중심적이었을 뿐이라는 것을.
어머니는 겁이 많으신 게 아니라, 자신과 세상에 대해 지극히 현실적이셨다는 것을.

나는 사고나 악재가 피해 갈 어떤 조건도 가지지 못했으며,
평범한 사람으로서, 불의의 사고에 휘말리게 될지 모른다는 것을 걱정해야 했다.

언제나 내일을 두려워하며,
오늘의 무사함을 감사하고,
겸손하게 살아야 했던 것이다.

지나치게 사고를 염려하고,
근심과 걱정에 휩싸여 살 필요는 없지만,
어쨌든 태풍이 온다면 침수나 강풍의 피해를 입을 것을 생각해, 미리 대비를 해 두는 것이 좋다.

주의하라는 것은 주의하고,
조심하라는 것은 조심하고,

나는 그런 일에 휘말리지 않을 거라는 오만불손한 생각을
버려야 한다.

대자연 앞에,
자연의 순리 앞에,
겨우 내가 뭐라고 말인가.

14 결코 이해하지 못하더라도 1

'이해'라고 하니 이 글을 쓰지 않을 수 없다.

지금까지 살아오면서 이해할 수 없는 장면을 많이 봤다.
대체로 자연을 볼 때가 그렇다.
대자연의 신비로움과 경이로움은, 나의 상식으로는 이해가 불가능했다.
그렇다고 자연에게, 왜 그러냐, 나에게 설명을 해 달라고 할 수는 없다.

반면 사람이 이해할 수 없는 행동을 하면...
'왜 그러세요?' 하고 물어볼 수 있지 않은가.
요즘 내가 참으로 왜 그러냐, 묻고 싶은 궁금한 일이 있다.
바로 이웃 나라의 이상한 행태다.

이것은 타국의 문제에 쓸데없이 오지랖을 떠는 질문이 아니다.

이 일은 틀림없이 우리에게도 심각한 영향을 끼치는 일이며, 우리의 건강과 생명을 위협하는 일이기에 한번 물어보고 싶은 것이다.

도대체 왜! 후쿠시마 원전 사고를 제대로 수습하지 않는것인가... 말이다.

이 사고는 2011년 도호쿠 지방 대지진으로 인해 발생했다.

그러니까 사고가 발생한 지, 거의 10여 년이 되어 간다.

자그마치 10여 년!

그러나 아무리 뉴스를 살펴봐도 상황이 썩 나아진 것 같지 않다.

그린피스의 발표에 따르면 사고 지역의 방사능 수치가 여전히 위험한 지경임은 물론이고.

태풍이 지나갈 때마다, 매립된 방사능 오염토가 엄청나게 유실된다니 말이다.

그런데 더욱 놀라운 것은, 방사능 오염토가 일본 정부가 관리하는 것뿐만 아니라, 각 개인의 집에도 쌓여 있었다는 것이다. 사고 지역의 주민들이 긁어낸 오염토가 집의 마당에 쌓여 있었다는데.

그것을 일본 정부는 조사도 하지 않았고 따라서 그 양과 오염 정도도 모른다고 하니... 그렇다면 그 오염토들 역시 태풍에 유실되지 않았겠는가.

그에 더해, 심지어 요코하마 시의 경우는 유치원을 비롯, 초,중,고 학교 운동장에 오염토를 매립했다는 기사도 나왔다고 한다.

이런 지경에 이르고 보니, 참으로 궁금하고 걱정스럽기만 하다.

- 도대체 왜, 저 나라 사람들은 자국의 국토 오염을 방치하는 건가. 그것도 무려 방사능 오염인데.
- 태풍이 지나갈 걸 예상 못 했을 리도 없고. 뻔히 쌓아 둔 오염토가 태풍에 유실될 것을 모를 리도 없고. 저러면 다른 지역도 위험해지지 않나.

그래서 처음엔 아예 저 지역을 완전히 포기하려나 싶었다.
그런데 이번엔 이주한 주민들을 다시 그 지역으로 불러들였다고 한다. 허...

- 유실된 오염토를 회수한 것도 아닐 테고.
- 안전이 확실히 확보된 게 아닌 것 같은데.
- 땅이 문제가 아니라 국민을 위험에 빠뜨리는 일 아닌가.

그러니 요새는 별별 생각이 다 든다.

대지진설, 침몰설, 저 나라와 관련된 온갖 이야기들이 떠오르며, 결국은 이런 걱정을 하게 됐다.

-혹, 저 사람들은... 또다시 우리나라에 쳐들어오려는 게
 아닐까. 그래서 모든 것을 내버려 두는지도.
-과거처럼 대륙 침략의 발판으로 삼겠다는 게 아니라.
 이번엔 우리 땅, 국토, 그 자체를 점령하려 오는 거지.

그런 생각이 들자, 질문하고 이해하려는 것을 포기하게 되었다.
물어본들 정직한 답을 들을 수나 있겠는가.

대신 상대에게 답을 듣기보다, 눈으로 보고, 귀로 들을 수 있는 확실한 정보에 관심을 가지기로 했다.
혼자라도... 꾸준히.
결코 이해하지 못하더라도... 경계심부터 가지기로.

.

15 결코 이해하지 못하더라도 2

철없는 애들이 딱 이런 말을 한다.
- 네가 더러워서.
- 네가 공부를 못해서.
- 네가 음침하고 기분 나빠서.
- 제대로 잘 좀 하라고.

'내가 때리는 거야...
 전부 네 잘못이야...
 맞았으니 정신 차릴 거야...'
자신의 폭력이 나쁘다는 것을 아니까, 그것을 정당화하기 위해 얼토당토않은 이유를 댄다.

모든 것을 맞는 아이 탓으로 돌리는가 하면, 심지어 너를 위해 때린다고 핑계를 댄다.

이것이 바로 식민 사관이다.
식민 사관은 이 두 가지로 요약되는 것 같다.

- 조선, 너희들이 너무 미개하고 무식해서, 보호하고 돕기
  위해 합방을 하지 않았나.
- 솔직히 우리가 도로와 철도를 깔아 주고 근대화로 발전
  시켜 주었으면, 은혜로 여길 것이지.

그 생각이 실로 유치하지 않은가.

거창하게 '역사'와 '민족성'을 들먹이며 연구씩이나 한 학자들에게 미안하지만, 내 눈엔 그 주장이 '이지메'를 하는 아이의 작태와 조금도 다르지 않은 것 같다.

그런데 아이들이야 철이 없어 그렇다고 치고.

천황을 모신 나라로 대동아 전쟁을 벌여 러시아와 중국을 위협했던 국가가, 식민지로 지배했던 나라의 국민들에게 저런 말을 하다니. 국가가 다른 국가를 무력으로 지배한 상황을 놓고, 아이 모양 '네가 나빠서'란 소리를 나불거리다니!

그렇다면 나는 저런 말을 듣고, 고개를 끄덕여야 하는가.

- 아, 그랬구나.
- 미개한 우리를 발전시켜 주기 위해, 우리를 잘 살게 해
  주려고, 힘들게 침략을 해 주었구나.
- 침략을 당한 후로 우리는 너무나 큰 발전을 이루었구나.

그리고 그게 진실이라면, 나는 또 이렇게 감사해야 하는가. 허리 숙여 진심으로.

-감사합니다. 정말 감사합니다.
 그렇게 힘들게 침략해 주시고. 우리의 근대화 개발을 도와주셔서. 그러니까... 그 은혜를 갚기 위해, 우리도 꼭 당신네 나라를 침략해 드리도록 하겠습니다.

-잠깐만 기다리십시오.
 당신들의 나라는 지정학적으로 불의 고리에 들어가 지각이 불안정합니다. 때문에 지진이 많아, 국민들이 얼마나 불안해 합니까. 게다가 하필 태풍이 지나는 길목에 있어 여름마다 얼마나 많은 이재민이 발생하며,
 권력을 가진 정치인 중 전쟁을 원하는 듯한 이들이, 국민들을 걱정시키고 있으니,
 반드시 국력을 키워, 침략해 드리겠습니다.

-어차피 지진으로 땅이 한번씩 갈라지고 뒤집히니 전쟁으로 쑥밭이 되어도 상관없고,
 어차피 병마나 사고로 죽어가는 국민들이 있으니 전쟁터에서 죽으나 병상에서 죽으나 상관없으며,
 어차피 자본주의 국가에서 빈부 격차는 발생하는 것이니,

우리의 속국이 되면 '친한파'는 확실히 잘 살게 해 드리겠습니다. 우리 한국에 빌붙어 일본과 일본인을 배신한 사람들을 언론의 요직에 앉혀, 날마다 우리가 침략을 해 줘서 좋은 점을 더도 말고 덜도 말고, 한 100가지만 만들어 떠들도록 하겠습니다.

그리고 마지막으로 하나 더.

–아무리 그래도 우리는 당신네 나라의 여자들을 잡아다 머나먼 이국의 땅으로 끌고 가, 목숨을 걸고 사지를 넘나드는 군인들에게, 생사의 갈림길에서 말할 수 없는 스트레스와 트라우마를 겪고 있는 군인들에게…
위안부로 던져 주는, 그런 짓은 하지 않겠습니다.
수없이 많은 군인들을 한 여자가 상대하도록… 시키는 일은, 차마 할 수가 없지요.
인간이라서…
우리는 그 정도로까지 짐승은 아니니까요.
그런 짐승 같은 짓거리는 당신네들이 가르쳐 주지 않았으면 상상도 못 했을 겁니다.
…… !

이렇게 똑같이 유치하게 대꾸해야 하는가 말이다.

그럼에도 불구하고, 바로 한국인의 입에서, 식민 사관이 나오는 것을 보게 된다.

나는 그것이 참으로 이해가 되지 않는다.

우리를 지배하기 위해 만든 거짓말에, 저토록 오랫동안 속고 있다니.

과연 저 사람들은 어느 나라 국민인가.

속고 있는 것인가?

함께 속이고 있는 것인가?

광복 후, 70여 년이나 흐르지 않았는가, 말이다.

70년이나 거짓말에 속고 있으며, 심지어 그 말들이 옳다고 신봉하며 날뛰다니...

저런 사람들 때문에 일본이 우리를 우습게 보는 것 같다.

그리고 우리를 우습게 보고 있다는 증거로, 역사 교과서를 왜곡하고, 독도 영유권을 주장하는 것이다.

결국 나는, 식민 사관을 믿으며 떠들어대는 한국인을 보며, 혼자라도... 꾸준히...

결코 이해하지 못하더라도, 경계심부터 가지기로 했다.

16 세상은 요지경이구나

세상은 참으로 요지경이다.

일본인들이 식민 사관을 들먹이며 우리를 비하하고, 그 내용을 우리에게 주입시킨 지 수십 년이 지났다. 일제 강점기를 포함하면, 우리가 세뇌를 당한 역사가 얼마나 길겠는가.

그뿐만 아니라, 저들은 자국민에게도 '한국인에 대한 편견과 선입견'을 뿌리 깊게 박아 놓은 것 같다.
가끔 일본 방송을 보면, 저들이 우리에 대해 얼마나 잘못 알고 있는가, 얼마나 오해하고 폄하하고 있는가를 느끼게 되니 말이다.

그런 편견이 생각만으로 끝나는 게 아니라, 실로 끔찍한 사태의 밑바탕이 될 것 같아, 몹시 걱정스러웠다. 그래서 혼자라도 꾸준히 경계심을 가지자고 생각하고 있었다.

그런데 세상이 얼마나 요지경인지...
그런 글을 쓴 지 불과 1년이 지났을 뿐인데...

우리나라와 일본이 극도로 대립하는 일이 발생했다.
바로 일제 강점기 강제 징용 소송 때문이다.
여기서 시작된 양국의 대립은 점점 첨예해지고 있다.

그리고 대립과 갈등이 점차 심각해지는 상황에서, 우리 국민들이 '일본제품 불매 운동'을 벌이기 시작했다.

예상대로 일본의 반응은, 불매 운동에 대해 부정적이었다.
일본 방송에서는 공공연하게 '한국인은 냄비근성이 있다. 불매 운동은 얼마 안 갈 것이다.'라고 떠들어 댔다.
그동안 우리에게 가지고 있던 편견과 선입견을 여지없이 드러냈으며, 심지어 대놓고 우리를 비웃기까지 했다.

그러나 불매 운동은, 1년이 지난 지금도 여전히 유효하다.
물론 영향을 받지 않은 기업도 있지만, 전범 기업에 속한 어느 회사의 매출은 90% 가까이 떨어졌다고 한다.
무엇보다 일본 내에서, 불매 운동이 얼마 가지 못할 것이라는 말은 쏙 들어간 듯하다.

참으로 통쾌하지 않은가.

때문에 나는 지금, 불매 운동이 성공할 것인가, 실패할 것인가에 큰 의미를 두고 있지 않다. 오직 지금의 상황에 크게 안심할 뿐이다.

지금 우리 국민들의 머릿속에는,

일본은 '완전한 타국'이라는 것,

언제든 '자기들의 이익을 위해 우리의 목을 조를 수 있는 전범 국가였다'는 사실이 또렷이 새겨져 있을 테니 말이다.

후.

무엇보다 더욱 안심이 되는 것은,

일본인들도 우리의 불매 운동을 보며, 깨닫기 시작했다는 점이다. 자신들이 한국을 바라보던 관점이 틀렸을 수도 있다는 것을. 무조건 폄하하던 한국인의 근성이 오해일 수도 있다는 것을.

저들이 우리의 본색을 조금이나마 알게 된 것이 무척 다행스럽다. 이제 우리를 만만히 보고, 쉽게 도발하는 일은 없지 않겠는가.

참, 신기한 일이다.

100년 가까이 공들여 세뇌시켜 놓은 생각들이,
 불과 하나의 사건으로 단 몇 개월만에 양국 국민들의 머릿속에서 빛이 바랠 수 있다니...

 세상은 진짜 요지경이다.

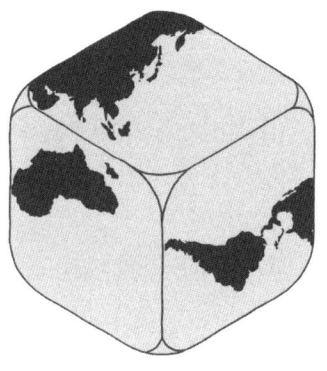

I 소설에 쓰려고 아껴 둔 기막힌 표현

소설을 쓸 때면 등장인물의 가족에 대한 상상을 하지 않을 수 없다. 인물에게 매우 큰 영향을 미치는 것이 가족이기 때문이다.

주변 지인들만 봐도, 화제의 대부분은 가족에 관한 것이다.
실제 이야기 속의 가족은 대체로 비슷하기만 하다. 독특한 가족은 별로 없는 것 같다.
어떤 가족은 매우 모범적이고... 구성원 모두가 착실한 편이며 화목하게 잘 지낸다.
반면 또 다른 가족은 아주 뒤틀린 것 같다. 게으르고 욕심 많은 사람이 있어 가족의 불화를 야기하고, 재산 문제가 얽히기라도 하면 가족임에도 시기, 질투, 배신에 따른 막장 사건이 펼쳐진다.
그러나 이것은 지인들의 대화에 등장하는 가족일 뿐이다. 아마 대부분의 가족은 좋은 면과 나쁜 면이 섞여 있지 않을까 싶다. 우리는 '가족' 이전에 '한 사람'이므로.

사람이 모여 함께 살아가는데, 어찌 모두가 멀쩡하고, 모두가 젠틀하고, 모두가 성실하고 부지런하겠는가.
틀림없이 모난 사람이 있고, 모자란 사람이 있고, 진절머리 나는 누군가가 있을 것이다.

이렇게 가족에 대한 이야기를 많이 듣다 보니, 자연스럽게 가족의 의미에 대해 생각하게 되었다.
그리고 좋은 표현이 떠올라, 언젠가 소설에 쓸 요량으로 아껴 두었다. 마치 비장의 무기처럼.

그러나 이제 이걸 풀어놓는 까닭은, 굳이 아낄 필요가 없기 때문이다. 남이 써도 상관없을뿐더러, 혹은 사람의 생각이란 거기서 거기, 오십보백보이므로, 이미 어느 작가가 작품에서 같은 표현을 썼을지도 모르기 때문이다.

그것은 바로 다음과 같은 표현이다.

– 가족은 '발'과 같다 –

어머니 생신을 맞아, 오랜만에 가족들과 함께 저녁을 먹고 돌아온 날, 나는 이런 말을 구구절절이 써 놓았다.

-가족은 '발'과 같다.
나의 몸뚱아리 아래 가장 밑바닥에서,
보이지 않게 나를 지탱하고 있는 발.
더럽고, 냄새 나고, 못생기기까지 한 발.
휘어진 발가락과 트고 갈라진 뒤꿈치, 시커멓게 탄 발등과
굳은살이 단단히 박인 발바닥.

남에게 잘 보이기 위해 자주 씻고 관리하고 보살피는 손과
반대로,
남에게 보일 일도 없고, 차마 보여 주기도 부끄러운,
귀찮으면 씻지도 않은 채 내버려두거나,
나조차도 잘 들여다보지 않는,
아주 못생긴 발.

그러나 발이 없으면 나는 홀로 설 수 없다.
발이 없으면 나는 아무 데도 갈 수가 없다.

가장 바닥에서, 어둡고 습하고 냄새 나는 신발 안에서,
발은 온 힘을 다해,
나의 전신을 지탱해 주고 받쳐 주고 있다.
내가 가고 싶은 곳으로 갈 수 있도록,
내가 홀로 설 수 있도록, 도와주고 있다.

못나고 더럽고 냄새가 날지라도
나의 일부이자
나의 뿌리이다.
가족은 나의 '발'이다.

모두 기분 좋게 식사를 하고, 함께 있다는 것만으로도 위안을 받았기에 이런 표현이 떠올랐던 것이다.

문제는 그로부터 며칠 뒤, 생신 선물로 누가 비싼 걸 했네, 누구는 그게 뭐냐, 말이 났을 때였다. 특히 내 선물이 '성의 없다'고 입길에 올랐다는데, 결국 성의라는 것이 '금액'에 따라 판단한 듯했다.
섭섭하고 화가 났던 나는 그날 밤, '가족'이란 메모를 이렇게 바꾸었다.

– 가족은 '발'과 같다 –

무좀에 걸린 발.
지긋지긋한 곰팡이를 가지고 내게 딱 달라붙어,
가려움 때문에 일에는 방해만 되고,
신경만 쓰이고,
생각하면 짜증만 나는,

어떻게 떼어낼 수도 없고,
악착같이 들러붙어 있는,
냄새 나고 더러운 데다,
나를 괴롭히기만 하는 발.

-가족은 무좀에 걸린 '발'과 같다.

지금 두 편을 비교해 보니, 웃음이 난다.

어쨌든 가족은 내게 '발'인 것이다.

2 세종대왕님의 미스터리

  글을 쓰는 사람으로서, 한글을 창제해 주신 세종대왕님께 극구 감사를 드리지 않을 수 없다.
  이렇게 쉽고 아름다운 글자를 만들어 주셔서 무한히 감사할 따름이지만, 만약 가장 감탄한 업적을 고르라면 또, 이야기가 달라진다.
  얼마나 놀랐던지 '와' 하고 탄성을 지른 기억이 지금도 생생하다.

  그러니까 내가 그분께 감탄해 마지않았던 것은,
  한글을 창제한 게 아니라, 바로 그분의 '공감능력, 상상력' 때문이다.
  다음과 같은 일화를 듣고 난 이후, 나는 상상력의 최고봉으로 세종대왕님을 꼽게 되었다.
  여러 방송에서 다뤘으니 간단히 요약하자면 바로,
  -여자 관노비에게 100일의 출산 휴가를 주었던 정책을 실시했다는 일화다.

이 정책은 8년에 걸쳐 세 번이나 개정되며, '산후'가 아닌 '산전' 즉, 출산 전 휴가가 포함돼 130일까지 휴가가 확대된다. 그와 더불어 산모를 돌보라는 의미로 그 남편에게도 출산휴가 30일을 주는 것으로까지 발전한다.

따로 조사를 해 보진 않았지만, '세계 최초일 것 같다'는 MC들의 말에 함께 고개를 끄덕였다.
그리고 그 정책을 실시할 때, 왕의 나이가 겨우 29세였다는 말을 듣고 입을 다물 수가 없었다.
어떻게 그런 일이!

나는 진정한 공감력은 상상력에서 나온다고 믿고 있다.
춥고 배고픈 노숙자를 보며, 이성적으로 불쌍하다고 생각하는 것과,
자신의 경험을 떠올리건, '성냥팔이 소녀' 같은 동화를 떠올리건, 추위와 굶주림을 상상하며 노숙자가 불쌍하다고 느끼는 것은 다를 것이다.
아마 후자가 상대에게 더욱 깊이 공감하고, 도움의 손길을 내밀지 않을까.

여기서 '상상'이란 반드시 어떤 장면을 떠올린다는 의미가 아니다. 부지불식간에 '얼마나 배고플까, 얼마나 추울까'란

생각을 떠올리는 게 바로 상상이다. 그런 상황에서 공감은 깊이 일어난다고 믿고 있다.

   세종대왕님은 노비들의 출산 휴가를 '정책'으로 발표하고 시행했다.
   단순히 '불쌍하다, 힘들겠다'로 생각하고 끝난 게 아니라, 그들의 고통을 공감하고 돕기 위해 '국가 정책'으로 못박았다는 말이다.
   도대체 어떻게... 그렇게까지 그들의 처지를 상상하고 공감할 수 있었던 것일까.

   그분은, 왕이 다스리는 군주제 국가의 왕이었다.
   또한 당시는, 아버지를 아버지라 부르지 못했던 홍길동이 살았던 계급 사회였다. 그런데 아이를 낳은 노비의 처지를 이해하는 게 가능한 일인가.
   그 까마득한 '차이'를 넘어서 공감을 하는 게 과연 가능한 일인가.

   노비라는 단어는 다시 의미가 나누어진다. 남자종이 '노' 여자종이 '비'다. 즉, 노비는 남자종과 여자종을 통틀어 일컫는 말이다. 노비, 일명 '종'이라 불리는 사람들은, 노예 상태였으며 계급으로로는 천민이었다.

그중 사노비는 주인이 매매, 양도, 상속할 수 있는 대상이기도 했다.

그 '노비'와 '왕'이라는 첫 번째 차이만도 까마득하다.
왕과 노예.
노예와 왕.
왕이 어떻게 노비의 처지를 상상할 수 있는가.

역사 이래 민주국가, 공화정이 출현했던 것도 아니다.
민중과 국민이 권력을 가진 시대나 사회가 세종대왕 이전에 있었던 게 아니란 말이다.
이미 수백 년 왕이 다스리는 군주제, 신분이 나뉜 계급 사회가 이어지고 있었다.
그런 역사적 배경과 사회 제도 속에서 자란 그분은, 어떻게 노비의 처지와 심정을 공감하고 정책을 펼쳤는가, 놀랍기만 하다.

더욱 기함을 했던 것은, '노비와 왕'의 차이를 넘어서,
남자인 세종대왕님이 여자종이 겪는 출산의 고통에 공감했다는 것이다.
21세기를 훌쩍 넘어, 최근 요 몇 년 사이에 겨우 '페미니즘'이 논의되고 있는 현실을 보라.

더욱이 이 논의의 발전은 지지부진하고, 일부 남성과 일부 여성은 상대에게 공감은커녕 극렬하게 상대 '성'을 공격하고 있지 않은가.

　그런데 세종대왕님은, 어떻게 여성이 겪는 출산의 아픔과 고통을 이해했으며, 그 고통을 덜어 줄 방안으로 현대에도 잘 지켜지지 않는 남편의 출산 휴가마저 생각해 냈던가 말이다.

　500여 년 고려의 역사와 사회를 뒤집고 새로 건국된 신생국의 네 번째 왕으로서, 나라의 기틀을 다지기 위해 해야 할 일이 산더미처럼 많았을 텐데...
　수립해야 할 국가 정책이 한두 가지가 아니었을 텐데...
　사회의 가장 바닥에 있는 천민 계층을 위해 정책을 만들어 펼치다니.

　'남성 우월주의'라는 단어조차 없던 시대에,
　남성이 법이자, 규율이자, 모든 근간이 되는 유교주의 가부장제 사회 '조선'에서, 어떻게 그분은 아이를 낳은 여종의 사정을 헤아릴 수 있었단 말인가.
　그 상상력과 공감력이 얼마나 강력했으면, 이성적으로 '불쌍하다'고 느끼고 끝난 게 아니라, 실제 정책을 만들어 발표하고, 수년간이나 고쳐 나갔단 말인가.

전 세계를 통틀어, 어떤 작가나 과학자도 이분처럼 상상력과 공감력이 뛰어나지는 않을 것 같다.

 유사 이래, 나에게 충격을 준 발명품과 예술품도 많았으나, 나는 이제 모두 세종대왕님의 아래라고 생각하고 있다.

 그리고 나중엔 그분의 상상력에 놀라다 못해, 이해 불가한 '미스터리'라고까지 생각하게 되었다.
 정말 '미스터리하다'라는 표현 말고는 다른 말이 떠오르지 않는다.

 내가 지금 외계인을 상상하고, 그가 지구에서 겪는 외로움과 고난에 공감한다 해도,
 세종대왕님이 출산한 여종의 처지를 이해한 것보다는 쉬운 일일 것 같다.
 나는 수많은 SF영화를 보고, 수많은 소설을 읽고, 자유로운 현대 교육을 받았으니까 말이다.

 이쯤 되니, 실로 미스터리 소설의 소재로 써도 될 것 같다.
 도대체 세종대왕님은 어떤 분이란 말인가.
 도대체 이 정책과 관련된 무슨 일이 있었단 말인가.
 이것에 대한 이야기로 미스터리 소설을 써 볼까 싶다.

3 재능은 없을 수 있지만 노력은 게을리하면 안 된다

한때 세상에서 가장 부러운 게 재능이었다.

돈이나 명예, 권력이 아니라... 하나를 가질 수 있다면 단연코, 재능을 얻고 싶었다.

천재들의 작품을 보면, 마치 나 자신이 '모짜르트'에 나오는 '살리에르'가 된 모양으로 부러움과 시기가 샘솟았다. 천재들 앞에서 느끼는 박탈감과 좌절감이 비슷했다는 말이다.

'디스트릭트 9'이라는 영화를 보며 대여섯 번 정도 충격을 받았던 것 같다.

그토록 혐오스럽고, 더럽고, 지능이 낮아 보이는 외계인 묘사도 처음이었거니와, 그런 바퀴벌레 같은 외계인에게도 끝내 감정 이입을 시킨 스토리의 힘은 대단했다.

감독 겸 시나리오 작가였던 '닐 블롬캠프'는 천재인 것 같았다.

나는 감탄을 거듭하며, 그의 차기작을 기대하고 기다렸다.

그러나 다음 작품은 조금 실망스러웠다.

그러고 보니 '매트릭스'의 나머지 시리즈도 조금 실망스러웠던 것 같다.

'조던 필' 감독도 마찬가지다. '겟 아웃'으로 영화감독으로 데뷔함과 동시에, 곧바로 90회 아카데미의 각본상을 수상했으니, 가히 천재라 불릴 만했다.

'겟 아웃'을 TV로 보고는 아까워서 발을 굴렀다. 극장에서 봤으면 좋았을 텐데, 후회 막심이었다.

그래서 '어스'는 개봉하는 날 조조 1회차를 보러 극장을 찾았다.

그러나 역시 어딘가 아쉬운 부분이 있었다.

물론 차기작들에 실망했다고, 그 영화들이 다른 영화보다 수준과 완성도가 떨어진다는 말은 아니다. 내 취향으로 보자면 다른 영화보다는 재미있고, 훌륭한 스토리였다.

단지 그들의 천재적이고 전설적인 작품에 비해 '아주 조금' 실망스러웠다는 말이다.

결국 나는, 스포트라이트를 받는 눈부신 '천재적 재능'보다, '꾸준히 노력'하는 자세가 중요하다는 것을 깨달았다.

재능은 그를 단번에 최정상에 올려놓겠지만, 거기서 버티는 것은 이후 노력이 관건이다.

최고의 자리 앞으로 얼마나 많은 도전과 유혹이 밀려들겠는가. 성실함과 꾸준한 노력만이 그 모든 것을 물리치고, 그의 왕좌를 더욱 공고하게 만들 것이다.

또한, 재능은 보석이지만,
무섭도록 빨리 먼지가 끼는 원석인지도 모른다.
혹은 아주 섬세해서 깨지기 쉬운 원석인지도.
그것의 빛이 죽지 않도록, 그것이 금이 가 부서지지 않도록, 끊임없이 갈고 매만지는 노력이 필요하다.
나는 잠깐 반짝였다 사라져 간 수많은 스타를 알고 있다. 한때 천재나 영재로 불렸던 아이가 평범하게 살아가는 경우도 많이 보았다.

때문에 이 글을 쓰고 있는 지금, 세상에서 가장 부러운 것은 꾸준히 노력하는 자세다. 세상에서 하나를 가질 수 있다면, '꾸준히 노력하는 자세'를 가지고 싶다.
그래야만 천재도 아니고 타고난 재능도 없는 사람으로서, 평생 걸음을 멈추지 않을 게 아닌가.

나의 목표는 묵묵히 한 걸음이라도 더 걷는 것이다.
멈추지 말고, 좌절하지 말고, 한 발이라도 더 걷는 것일 뿐.

4 제대로 실감했던 명언 - 고통스러운 상황은 불가피한 것이지만 괴로움은 선택이다

세상에는 명언이 얼마나 많은가.
그것을 들을 때마다, 오, 감탄을 쏟아 내며 당장 실천할 것처럼 다짐하지만...
사실, 좋은 말을 머리로 이해하는 것과 몸으로 실천하는 것은 완전히 다른 경지인 것이다.

얼마 전 친구 덕분에 아주 좋은 말을 하나 알게 되었다.
-고통스러운 상황은 불가피한 것이지만 괴로움은 선택이다.
부처님의 말씀이라는데, 이 말을 듣자마자 나는 깊은 감명을 받았다.

사실, 바깥 세상은 나와 아무 상관없이 돌아가는 것 같다.
세상 속의 나는, 한없이 작은 인간이고.
전 세계 7,700,000,000여 명 중 하나일 뿐이다.
세상은 나 없이도 돌아가고 있으며, 살다 보면 내 마음대로 되지 않는 일이 더욱 많다. 외부 상황은, 세상은, 다른 사람은, 대부분 내가 통제할 수 없는 것이다.

   그러나 나의 내면, 생각은 바꿀 수 있지 않은가. 생각을 바꾸기 위해 노력은 할 수 있다.

   문득 학창 시절이 떠올랐다.
   내가 다니던 중, 고등학교는 모두 언덕에 있었다. 대부분의 학교가 비슷했을 것이다.
   때문에 등교를 한다 치면 가히 등산에 가까웠다. 가파른 오르막을 숨이 차도록 올라가야 하는 고통스러운 순간은, 아침마다 피할 수도 없이 찾아왔다.
   학교를 평지로 옮길 수도 없으니, 6년간 상황은 똑같았다. 나는 거의 매일 고통스러운 순간을 맞이할 수밖에 없었다.

   하지만 '괴로움은 선택'이다.
   괴로움은 나의 내부에서 느끼는 감정이므로, 그나마 내가 조절하는 게 가능하다.
   아침마다 등산을 하니 운동은 따로 하지 않아도 된다거나,
   학교 주변의 공기가 맑아 건강해지겠다거나,
   조금 일찍 일어나 쉬엄쉬엄 언덕을 올라가자 마음먹으면, 괴로움을 덜 수 있었을 것이다.

말을 전해 준 친구 역시 내 이야기에 고개를 끄덕였다.

우리는 또, 국난을 극복하기 위해 애쓴 분들의 이야기도 나누었다.
열심히 대화를 하며, 뭔가 내면이 단단해짐을, 정신적으로 성숙해짐을, 느꼈다.
머리로는 이해도 하고, 우리도 그렇게 살자고 다짐하고 헤어졌다.

문제는 그 좋은 말을 실천해야 할 상황이 금세 일어났다는 것이다.
얼마 후에 곧바로.

일을 하기 위해 차를 빌려, 낯선 동네에 갔다.
그런데 주차를 하려면, 하필 경사진 오르막에, 그것도 평행 주차로 차를 대야 하는 것이다.
제자리에 정확히 주차된 앞뒤의 차들을 피해,
나는 그 사이에 차를 넣기 위해 몇 번이나 핸들을 돌리고 풀기를 반복했다.
그러다 그만, 담벼락에 차의 범퍼가 닿고 말았다.
차가 닿았다 느끼는 순간, 헉, 숨도 못 쉬고 브레이크를 건 다음, 당장 밖으로 나와 살펴보았다.

아니나 다를까, 모서리에 긁힌 빗금이 선명하게 나 있었다.

그게 오전 10시경의 일이었다.
그런데 그날 오후 해가 지도록, 나는 괴로움에서 빠져나오지 못했다.
후회해도 소용없는 일을, 하루 종일 곱씹으며 괴로워했다.

-아, 그 밑에 널찍하게 두 칸이 빈 데가 있었는데.
-오르막을 오르기 싫다고 꼭 거기 차를 넣으려고 하는
 바람에.
-돈은 돈대로 들고, 시간은 시간대로 잡아먹고.
-바보같이. 그거 몇 발짝 올라가기 싫어서.
이러면서 내내 자책하고 후회하고 우울해하고 괴로워했다.

얼마나 우스운 일인가.

사실, 조금만 더 생각해 보면,
차를 운전하다 일어날 수 있는 사고 중에, 참으로 가벼운 일일 뿐인데.
사람이 다친 것도 아니고, 피해가 큰 것도 아니지 않는가 말이다.
무엇보다 다른 사람이 나를 괴롭히는 것도 아니고,

실제 육체적으로 극심한 고통을 느낀 것도 아닌데.
내가 훌훌 털어 버리면 그만인 것을...
나는 그렇게 몇 시간이나 괴로워하고 또 괴로워했다.

친구에게 그 좋은 말을 들은 지, 채 사흘도 되지 않은 때에.

역시, 좋은 말을 이해하는 것과 실천하는 것은 완전히 다른 일인 것이다.

괴로움을 괴로움으로 여기지 않는 것이 얼마나 어려운 경지인가...
지금은 제대로 깨닫고 있다.

5 지구는 네모다

 지구는 네모라고 믿는 사람들이 있다. 배를 타고 계속 가면, 네모난 지구의 끝에 다다라 절벽에서 떨어져 죽는다는 내용의 만화를 본 적이 있는데, 바로 그것을 주장하는 것이다.
 미국에서는 대통령이 연설할 때도 그 단체를 들먹인다고 하니, 나름 꽤 유명한가 보다.

 그들은 지금까지 밝혀진 모든 과학적 사실과 그 증거가 되는 동영상, 자료들을 일체 부정한다.
 바다에 나가 수평선이 둥글게 휘어져 있는 것을 보여 줘도 믿지 않고, 우주에서 찍은 사진은 모두 조작이라고 우긴다.
 그들이 퍼뜨리는 가짜 뉴스를 보며, 과연 '사실'이란 존재할 수 있는가, 란 생각이 들었다.

 아는 분의 아버님이 뇌졸중으로 쓰러지셨다.
 응급실에 실려가 긴급 처방으로 다시 눈은 뜨셨지만, 정신은 이전으로 돌아오지 못하셨다.

병실을 방문할 때마다, 충격을 받았다.

육체는 건강한데 사람을 알아보지 못하시고, 엉뚱한 소리를 하신다.

결국, 인간이란 육체보다 정신이 우선이다.

만약 손끝 까딱 못 하고 침대에 누워지내지만 정신이 멀쩡한 쪽과, 건강한 육체로 하지 못할 것이 없지만 정신이 흐린 쪽 중, 하나를 고르라면 당연히 전자다.

정신이 없는 사람이 여행을 한들, 무엇을 느끼며, 무엇이 아름답다고 생각할 것인가.

침대에 누워만 있어도, 세상의 이야기를 들을 수 있고, 구수한 밥 냄새라도 맡을 수 있는 쪽이, 생각을 할 수 있는 쪽이, 낫지 않을까.

이것이 가짜 뉴스를 증오하는 첫 번째 이유다. 그것은 정신을 좀먹게 만든다.

인간의 가장 훌륭한 특징인 '정신', 그것을 썩게 만드는 것이다.

가짜 뉴스에 홀린 사람들이 너무 많다.

지하철이고, 버스고, 식당이고, 약국이고 간에 돌아다니다 보면 그들을 만난다. 그들은 사지 육신이 멀쩡해 잘도 돌아다니지만 입만 열면 헛소리를 지껄인다.

그 모습이 흡사 '좀비' 같다고 생각했다.

진실은 묻어 둔 채,
진실에는 관심도 없는 채,
그저 온라인에서 퍼 나른 말들, 동영상 채널에서 떠드는 말에 홀랑 넘어간다.
한 사람 한 사람이 국가 기구라는 국회의원도, 오랜 역사를 자랑한다는 신문과, 공정하고 정확해야 할 공중파 뉴스도, 종종 가짜 뉴스를 내보낸다.
처음엔 가짜 뉴스가 온라인 상에서만 퍼지더니, 곧, 그것이 다른 의견인 양 버젓이 뉴스에 소개되는 것을 보고야 말았다.

가짜 뉴스를 생산하는 목적은, 국가나 국민을 위함이 아니라 자기들의 부와 권력을 위한 것 같다.
그런 목적으로, 더욱 흥미진진하고 재미있게 이야기를 만들어 사람들을 홀린다.
영상을 편집하고, 기사를 잘라 멋대로 이어 붙이고, 주관적인 의견을 팩트인 양 소개하고.

실로 교묘하게 만들어진 가짜 뉴스를 보다 보면, 충격적이게도 우리나라나 세계나 곧 망할 것 같다.

그리고 잠시 후, 정신을 차리고 나면,
세상을 들었다 났다 하는 그들의 놀라운 상상력에 감탄하며, 나의 상상력에 자괴감을 느끼게 된다.

방금 본 가짜 뉴스야말로 완벽한 소설이지 않은가.
절대 선인 우리 편과 절대 악인 적들이 있으며,
흥미진진함은 기본이요,
나라의 멸망이라는 충격적인 스토리까지 갖추고 있으니.

실로 대단한 소설이다.

그들과 경쟁하며 소설을 써야 하니,
휴... 힘들기만 하다.

이것이 가짜 뉴스를 증오하는 진짜 이유인지도 모른다.

6 헤어날 수 없는 마력에 빠지다

 글을 쓰다 막히는 때가 있다. 솔직히 손에 꼽을 수 없을 만큼 많다.
 스토리 전체의 방향과 결말은 나왔지만, 전개 부분에서는 역시 막히고 만다.
 특히 '알토 맨션'의 4번째 편은, 이야기의 방향만 정해져 있을 뿐이어서 고생을 많이 했다.

 어떻게 주인공의 이야기를 끌고 갈 것인가. 조용히 생각을 집중하는 게 힘들었다.
 동네를 어슬렁거리며 산책을 하는데 세 번이나 같은 카센터 앞을 지났다.
 카페에서 하염없이 창밖을 보기도 하고, 훤한 대낮에 안대를 끼고 자리에 누워 있기도 했다.
 그렇게 잠이 들었는가. 눈을 떠 보니 저녁이었다. 잠결에 배가 고파서 일어난 것이었다.

그러다 우연히 생각에 집중할 수 있는 방법을 찾아냈다.

싱크대 서랍에 공짜로 받은 물티슈가 잔뜩 쌓여 있는 것을 본 후였다.

얼른 써 버리자 싶어 그걸로 싱크대와 수납장 등을 닦기 시작했다.

단순 노동이니 손을 기계적으로 놀리며 머릿속으로는 열심히 생각을 했다.

-주인공이 친구들을 만나는 게... 여기서 이렇게 되면...

어느 새, 생각이 정리되었다.

그리고 살펴보니, 주방의 가스레인지와 서랍장이 깨끗하게 빛나고 있었다.

됐다. 청소가 답이구나.

무엇보다 생각에 집중도 잘 되고 집도 깨끗해지니, 일석이조가 아닌가.

이튿날은 물티슈로 방과 거실을 돌아다니며 모서리를 닦아내기로 했다.

솔직히 집에 살면서 한 번도 방의 모서리를 청소해 본 적은 없었다.

어묵꼬치 작대기까지 동원해 포인트를 깨끗이 닦아 냈다.
-주인공이 테스트의 룰을 떠올리면...
그리고 다시 생각을 마치고 보니, 청소도 끝이 났다.
기분이 더욱 좋아졌다.

그러나 곧 큰 난관에 봉착하고 말았다.
청소의 끝판왕.
언제나 마음에 걸려 있던 그것.
바로 욕실의 곰팡이였다.
타일의 줄눈에 낀 검은 곰팡이는 물티슈로 닦일 게 아니었다. 뭘로 닦아야 하나, 고민에 빠졌다.
검색을 해 보니 락스 원액을 이용해 닦아 내는 방법이 있었다. 락스 원액에 적신 휴지를 곰팡이 핀 곳에 놓고 12시간이 지나면 사라진다는 것이다.
오!

다음 날, 나는 휴지와 락스를 들고 화장실로 갔다.
먼저 락스가 튈까 조심하며 대야에 세정제를 부었다.
그리고 못 쓰는 칫솔에 락스를 묻혀 줄눈을 일단 한 번 닦았다.
그 다음 다시 휴지를 가늘고 길게 찢어, 줄눈 위에 덮었다.

독한 세정제가 튈까 조심하며 손끝에 완전히 신경을 집중했다.
그리고 다시 칫솔에 락스를 듬뿍 찍어, 휴지를 적셔 나가기 시작했다.

휴...
겨우 넉 줄이 끝났다.
독한 냄새가 코를 찌르는 바람에 잠시 얼굴을 들었다.

그 순간, 번뜩 뭔가가 떠올랐다.

어...
그런데...
뭐 때문에 이렇게 열심히 청소를 하기 시작했지?

7 그들이 악플을 다는 이유

 연예계에 또 비극적인 일이 일어났다.
 사람의 소중한 생명이 희생되는 일이기에, 침묵할 수도 없고 침묵해서도 안 된다고 생각한다.

 내가 '너무'도 아니고 '너무너무' 무서워하는 말 중 하나가 바로 이것이다.
 -내가 사람 하나 살릴 순 없어도, 너 하나는 죽일 수 있다.
 이 말엔 집요하고 끈질긴 악의, 상대가 죽을 때까지 물고 있는 목덜미를 놓지 않겠다는 짐승 같은 집념이 느껴져서, 아주 무섭다.

 사랑의 최대 적은 '시간'이라고 하지 않던가.
 단단한 콘크리트나 돌, 철근 같은 소재로 만들어 놓은 교량이나 마천루의 빌딩도 아니고,
 형체도 없는 사람의 감정이 시간을 이길 수 있다면 그것은 얼마나 강한 것인가.

그래서 우리는 보통 시간을 뛰어넘은 '사랑'을 기억하고 거기에 감동받곤 한다.

그러나 '악의'가 시간을 뛰어넘으면 어떻게 될 것인가.

너를 살리기 위해 내 시간을 바치는 것이 아니라,

너 하나를 죽이기 위해, 네 숨통을 끊어 놓기 위해, 기꺼이 시간을 바치는 사람이 있다면.

그리고 실제 그런 이야기를 여러 사람에게 들었다.

블로그에 와서 악플을 달던 사람이 나중엔 자신의 SNS 계정을 몽땅 찾아내 악플을 달더라고.

그리고 이웃 블로그에 방문해 자기에 대한 험담과 끔찍한 소문을 퍼뜨리더라고.

더욱 무서운 건 '더러워서 피한다' 생각하고 닉네임이나 계정을 바꿨는데도, 끝까지 찾아온다는 것이다.

그 집요함과 악착같음에 그들은 완전히 질린 상태였다.

사실 사람을 살리는 일이, 얼마나 어려운 것인가.

그것은 심폐 소생술 같은 의학적 지식이 필요할 수도 있고,

불이나 물에 뛰어드는 용기가 필요할 수도 있고,

자신, 세상에 하나밖에 없는 자기 자신을 포기하는 숭고한 희생정신이 필요할 수도 있다.

그러니, 사람을 살려서, 자신의 영향력과 힘을 보여 주기란

사실 의사조차도 어려울 것이다.

그러나 사람을 죽이는 일은 쉽다.
악의만 가진다면,
칼을 휘두르든, 불을 지르든, 아니, 자신이 가지고 있는 손과 발로 상대를 때려죽일 수도 있다.
손바닥만 한 핸드폰으로 문장 몇 개만 전송해도 사람을 지옥으로 몰아갈 수 있다.

영국의 '메리 벨'은 겨우 열 살에, 두 명의 아이를 죽여 최연소 연쇄 살인마에 올랐다.
그러니 사람을 죽이는 데는 나이도, 경력도, 성별도 필요 없다. 자신의 영향력과 힘을 과시하고 싶은 욕망에 눈이 멀어, 상대는 인권을 가진 개인이 아니라 벌레나 무생물처럼 취급하면 된다.

그래서 그들은 악플을 다는 것 같다. 자신의 힘과 지배력을 보여 주기 위해 쉬운 길을 택하는 것이다.
격려와 용기를 주는 글로, 상대에게 인상을 남기고 좋은 영향을 주기란 쉽지 않으니까.
비방과 끔찍한 욕설로, 상대에게 인상을 남기고 나쁜 영향을 주기가 훨씬 쉬우니까.

그들은 아마 선한 댓글로 사람들에게 용기를 주는 것보다,
악의적인 댓글로 상대에게 상처를 남기는 게, 자신의 힘과 존재감을 과시하는 더 확실한 방법이라고 믿고 있을 것이다.

그래서 자신의 지배력과 영향력을 과시하기 위해, 쉽고 확실한 방편으로, 악의적인 댓글을 다는 것 같다.

***

그러나 내가 더욱 무서워하는 것은,
끈질기고 집요한 악의가 '없는' 경우다!
내가 너 하나를 죽이기 위해, 시간과 노력을 투자하고,
분노와 투지를 불태우는 게 아니라...

심심해서,
장난으로,
남들도 다 하니까.
화장실에 가서 똥을 누듯,
내 더러운 기분과 스트레스를 풀기 위해,

남들에게 모욕적이고 차마 입에 올릴 수 없는 끔찍한 말들을 뱉는 경우다.

나는 이것이, 이 후자의 경우가, 너무너무
그리고 더욱, 너무너무 무섭다.

별다른 죄책감도 느끼지 못하고,
웃으며 낄낄대며,
생판 모르는 남에게 저주의 말을 퍼붓고,
컴퓨터 자판 뒤에 숨은 채로, 가뜩이나 엷은 죄책감도 다른 악플러들과 나누어 가졌으니...
누군가 자신의 말에 상처 입고 이번처럼 극단적 선택을 해도 악의적인 댓글을 단 사람들이 과연 죄책감을 느낄 것인가.
자신의 앞뒤로, 무수히 달린 댓글을 보며, 자기는 그저 그 중의 하나라고 생각하지 않을까.
혹은, 더 심한 글도 많은데, 자기 글은 악플 수준도 못 된다고 슬쩍 발을 빼지 않을까.

하지만 낙타가 쓰러지는 것은 '마지막 한 짐' 때문이라는 것을 기억해야 한다.
마지막, 이라는 말은 그 앞에 무수히 많은 짐이 올라갔다는 말이다. 그러니 마지막 한 짐, 딱 그 하나 때문에 쓰러진 게 결코, 아니다.

혹시, 짐꾼이 마지막 짐 하나를 올리지 않아 낙타가 첫 걸음을 뗄 수 있더라도... 틀림없이 낙타는 얼마 못 가 쓰러질 것이다.

처음부터 낙타를 생각하고 배려하는 게 좋지 않은가. 적당한 양의 짐을 올리고, 함께 가는 게 좋지 않은가.

나는 그저 남들에게 들은 얘기를 옮겼을 뿐인데, 몇 번밖에 쓰지 않았는데, 라고 하더라도...

그를,
그녀를,
우리들을,
쓰러지게 만든 건,
마지막 주먹 한 번이 아니라,
처음부터 끝까시 날아온 모든 주먹과 발길질,
내 얼굴에 뱉은 한 마디 한 마디, 모든 말들 때문이다.

왜 쓰러진 사람을 일으켜 세우는 것보다,
힘든 세상에서 겨우 버티고 서 있는 사람을 패서 쓰러뜨리고 싶은 건지...

그들은 세상살이가 힘들지 않은가 보다.
참으로 세상살이가 만만하고 좋은가 보다.

8 무는 알고 있다

텔레비전을 보다가 아주 재미있는 말을 들었다.

농사를 짓는 아주머니가 무를 뽑으면서 올겨울이 춥지 않을 거라고 말하는 것이다.

PD가 어떻게 아느냐고 묻자 아주머니가 이렇게 말했다.

-무는 알고 있다니까.

즉, 무가 자랄 때 땅속 깊이 파고 들어가면 그 겨울은 혹독하게 춥고, 흙 속에 얕게 들어가 자라면 그 겨울은 따뜻하다는 것이다.

그러면서 무를 뽑는데, 정말 쑥쑥 잘도 뽑힌다.

반대로 다가오는 겨울이 추울수록 무가 땅속 깊이 박혀, 뽑을 때 무척 고생하신다고 한다.

정말 신기하지 않은가.

어떻게 무는 알고 있을까?

올겨울이 추울지, 따뜻할지... 흙 속에 가만히 있는 녀석들은 지구와 교신을 하는 모양이다.

우리나라 겨울 추위는, 시베리아와 중국에서 내려오는 대륙성 고기압의 영향을 받고...

세계적으로는 라니냐 현상과 소빙하기, 이런 것들과 관계가 있다고 생각했는데...

슈퍼컴퓨터가 예측한다는 기상 현상을 무가 알고 있다니, 놀라웠다.

그것도 가장 좋은 파종 시기가 8월 말이나 9월 초라면, 늦더위가 기승을 부릴 때가 아닌가.

그런데 녀석들은 흙 속에 뿌리를 내릴 때부터 지구와 교신을 하며, 올해는 춥다니까 깊이깊이 파고 들어가자고 생각한다는 게 아닌가.

그리고 늦더위에도 땀을 뻘뻘 흘리며 한겨울 추위를 대비해 더욱 땅속으로 깊이깊이 박혀 자란다니.

오, 정말 그런 걸까.

집에 있는 무를 꺼내 무청을 쥐고, 그 하얀 얼굴을 들여다본다.

올겨울 추위가 어떨지 지켜봐야겠다.

***

-지금은 12월 16일이다. 한두 번 추위가 있었으나, 아직

본격적인 추위는 없다. 연일 기온이 10도를 웃돌아, 어제는 남부 지방 한낮 기온이 14도까지 올라갔다.

무... 거 참, 똑똑한 녀석일세.

-그리고 1월 5일. 어제 겨울비가 내렸다. 이틀째 전국을 흠뻑 적시며 비가 내리고 있다. 겨울에 눈이 아니라 비가 내리고 있는 것이다. 더욱이 제주도의 기온은 23.6도였다고 한다.

월요일이 소한이었는데... 대한이 놀러 갔다 얼어 죽었다는 그 추워야 할 소한 즈음에...

기온이 23도를 웃돌아 제주도에 유채꽃이 만발하고, 어느 지역은 개나리와 홍매화가 피어 사람들이 꽃구경을 갈 지경이라고 한다.

어허! 이쯤 되니, 나도 무의 말이 들리는 것 같다. 똑똑한 무가 경고를 해 주는 듯하다.

너희, 인간들, 환경 파괴 좀 작작 하시지. 이상 기온 심각한 거 안 보여? 나도 더워 죽을 지경이야.

9 이것이 궁금하다 - 한민족과 쇠젓가락

'국뽕'이란 말이 유행이다. 그것이 일본어의 잔재라며 '국부심'으로 바꾸자는 말도 있다.

표현이야 어찌 됐든, 나라에 대한 애국심은 가지는 게 마땅할 것이다.

굳이 그렇게 도취될 필요까지는 없겠지만, 곰곰 생각해 보면 '한국인'이어서 참으로 다행스럽다고 생각될 때가 있다.

반대로 아무리 생각해도, '아, 저 나라 국민이었으면 좋겠다'고 생각이 드는 나라는 없다.

미국이나, 유럽, 특히 북유럽 국가들을 동경하고 부러워하기도 하지만, '그래서 거기 국민으로 태어나길 바라느냐'고 묻는다면 그것은 사양하고 싶으니 말이다.

한국인이어서 다행인 이유는,

외국의 어느 나라도 여행이나 유학을 가는 게 아니라, 아예 처음부터 거기서 태어나고 싶은 생각이 들지 않는 이유는, 한글 때문이다.

아무리 태어나면 자연스럽게 모국어를 익히게 된다지만, 한글이 아닌 글을 배운다는 것은, 사양하고 싶다.

특히 유럽은 모국어가 있어도 이웃한 여러 나라의 언어를 알고 있는 게 좋으니, 외국어를 못하는 나는 절레절레 고개를 젓게 된다.

외국어는 글자의 생김새부터가 어렵고 복잡하다. 그러나 한글은 동그라미, 네모, 막대로 이루어져 있다. 단순, 간결, 간단명료, 그러면서도 무궁무진하게 서체의 변신이 가능하다.

그리고 한국을 사랑하는 두 번째 이유는,

다른 나라에서 살지 못할 것 같은 생각이 드는 이유는, 바로 '음식' 때문이다.

우리나라 음식들, 한식을 생각하다 다른 나라를 떠올려 보면, 못 살 것 같다.

산과 들과 바다에서 나는 식재료들은 말할 것도 없고, 조리법도 이렇게 다양할 수 있을까, 놀라울 정도다.

예를 들자면, 기름을 이용해 익히는 것만 해도 굽고, 튀기고, 지지고, 부치는 게 있으니까 말이다.

여기서 한 걸음 나가 보면, 우리 민족은 참으로 유니크한, 독특한 개성이 있는 것 같다. 미스터리를 사랑하는 나의 기질을 자극하는 아주아주 미스터리한 점들이 있다.

지리적으로 가까운 이웃 나라들과도 판이하게 다른 점은 여러 가지다.

그중 내가 최근 관심을 가진 것이, 바로 쇠젓가락이다.

인터넷에 검색을 해 보면, 세계에서 유일하게 쇠젓가락을 쓰는 민족이 우리나라 한민족이라고 한다. 그 때문인지, 미국의 역사학자가 연구를 하기도 했고, 여러 언론에서 '쇠젓가락의 유래'에 관한 기사를 내기도 했다. 이미 많은 사람들이 이것에 관심을 가지고 연구했다는 것이 놀라웠다.

그 글을 읽으며 조금이나마 궁금증을 해소할 수 있었다.

그리고 새로 알게 된 내용에 내 생각을 덧붙이자면, 쇠젓가락에는 '미래지향적인 우리 민족의 안목'이 담겨 있지 않을까 싶다.

삼시 세끼 밥을 먹는 민족으로, 남녀노소 할 것 없이 생활 속 가장 가까운 도구, 가장 많이 사용하는 도구가 수저일 것이다. 한 끼 먹을 때만 해도 수저를 수십 번은 사용하는 것 같다. 그렇게 가까이 두고 자주 쓰는 물건이기에 오히려 쇠로 만든 게 아닐까.

철은 비싸고 제련 기술이 필요하지만, 장기적인 안목으로 수저를 쇠로 만든 것이다.

일상에서 자주 사용하며 입에 들어갔다 나오는 것이기에, 단단하고 위생적인 수저를 만든 것 같다.

그렇게 쇠로 수저 한 벌을 만들어 놓으면 평생 쓸 수 있으니, 실로 미래지향적이지 않은가.

그리고 더욱 생각을 발전시켜 보면, 조상님들의 빅 피처가 담겨 있는 게 아닌지 모르겠다.
쇠로 만든 젓가락은 쓰기가 어렵다.
가늘고 마찰력이 적어 음식물을 집는 데도 미끄러지기 일쑤다. 반찬을 들어 입까지 올리기도 어렵다. 때문에 어렸을 땐 어른들께 뒤통수를 맞아 가며 젓가락 쓰는 법을 배웠다.
엄지로 젓가락을 누르고 검지와 중지로 받치고, 지렛대의 원리를 이용해 섬세하게 손을 놀려야 한다.
그리고 지금 밝혀진 바, 뇌는 손의 움직임과 밀접한 관련이 있다고 하지 않는가. 치매를 예방하려면 손 운동을 자주 하고, 손으로 섬세한 작업을 해야 한다고 하니 말이다.
다른 나라의 식사 도구와 달리, 우리는 하루 세 번 식사를 할 때마다 손을 섬세하게 쓰고 있다.

아! 우리 조상님들은 후손들의 두뇌 계발까지 신경 썼던 것일까. 치매 예방까지!

쯧쯧. 지인들이 혀를 찬다.
그 정도면 국뽕도 중태라는 진단을 받고 말았다.

10 당신들의 노동이 얼마나 훌륭한 것인가

평범한 사람들의 이야기가 나오는 방송을 즐겨 본다.

거기에 무수히 많은 스토리가 담겨 있기 때문이다.

조금만 생각해 보면, 평범한 삶이라는 것은, 그 방식이 무궁무진하다.

장사를 한다 치면, 그 종류만 해도 얼마가 될 것이며,

요식업으로 범위를 줄인다고 해도, 식당의 종류가 얼마나 될 것이며,

그중 한식으로 좁혀 본다고 해도, 한식당이 전국에 얼마나 될 것인가.

그 무궁무진한 삶을 엿보기 위해 방송을 본다.

그러다 문득, 비슷한 말을 여러 번 들었다는 것을 깨달았다. 그것은 식당에서 평생을 보낸 어머니, 아버지에게서 나온 말이었다. 대를 이은 맛집이라거나, 자식과 함께 식당을 운영하고 있는 부모님을 찾아가 인터뷰를 하면 십중팔구는 이런 말씀을 하신다.

-이 일이 너무 힘들어서 절대 자식들한테 안 시키려 했다.
-아들이 받겠다고 하는데도 내가 말렸다. 너무 힘들다고.
-더 좋은 직장에 다니면서 번듯하게 살아야 하는데.

한마디로, 자식들에게 자신들의 일을 물려주지 않기 위해 노력하셨다는 것이다.
-이 일이 얼마나 힘든데!

물론 육체적으로 힘든 것뿐만 아니라 손님들에게 받는 푸대접과 괄시도 있을 것이다.

내가 그동안 목격한 것만 해도, 식당에서 시비가 붙은 경우를 헤아릴 수 없으니 말이다.

그러나 나는 그 부모님들께 꼭 다음과 같은 말씀을 해 드리고 싶다.
-당신들의 일이 세상에서 가장 훌륭한 일입니다... 라는.

-그 일이 구두를 닦는 일이건,
 세탁소에서 셔츠를 다리는 일이건,
 시장에서 야채 행상을 하는 일이건,
 혹은, 좌판에서 길거리 음식을 파는 일이건,
 세상 그 어떤 일보다도 훌륭한 일입니다.
이런 말씀을 드리고 싶다.

이 말에는... 그분들에게 괜한 위로나 위안을 드리고자 하는 마음이, 조금도 담겨 있지 않다.
정말, 내 생각에는... 그분들의 일이... 세상에서 가장 훌륭한 일이기 때문이다.

왜냐하면... 그것은 생명을 키우는 일이었기에.
자식들의 생명을 키워 내는 일이었기 때문이다.
그 수단으로 음식을 만들고, 설거지를 하고, 거리를 돌아다니며 칼을 갈아도,
그 목적의 대부분은 자식을 키우는 것이었다.

세상에서 가장 위대한 일.
자식을 낳고, 키우는 일.
생명을 낳고,
당신의 생이 끝날 때까지 그 생명을 책임지는 일.
당신도 나도, 그렇게 태어나고 자랐다.

아무리 생각해도 그 일보다 위대한 일은 없는 것 같다.
특히 그 어렵고 힘든 일을, 정직한 노동으로 해내셨다면 그것은 참으로 훌륭하다.
칭송받아 마땅하다.

-그러니 당신들은 자부심을 가지셔도 됩니다.
 아주 훌륭한 일을 하신 겁니다.
 부디 자식들에게 자랑스럽게 가업을 물려주십시오.
 내가 이렇게 힘들게, 하지만 정직하게 일을 해서,
 너를 키웠노라 말씀하시며.

11 좋은 작품의 영향

 한국 영화의 역사를 새로 쓰고, 지금까지의 기록을 모조리 갈아 치운 영화가 있다. 나는 그 영화를 손꼽아 기다리다 개봉 날짜에 맞춰 극장에서 관람했다.

 그리고 이제 다시금 영화를 떠올려 보면, 냄새에 관한 표현이 가장 인상 깊게 남아 있다.

 그것은 다른 사람은 모르겠지만, 내게는 놀랄 만큼 색다른 발상이었기 때문이다.

 내가 만약 소설에서 '가난한 친구'를 표현한다면 주로 시각적인 묘사로 끝날 것이다.

 구멍 난 양말, 늘어진 소맷부리, 떨어진 바짓단, 때가 새카맣게 낀 티셔츠의 목둘레. 이런 식으로. 독자들의 눈에 보이게끔 열심히 설명했을 것이다.

 물론 '퀴퀴한 곰팡이 냄새'나 '가죽만 남은 거친 손등'처럼 냄새나 촉감 등을 알려 줄 수는 있어도, 비중 있게 다루지는 않았을 것이다.

그러나 이 영화에서는 냄새가 빈부 격차를 나타내는 중요한 요소로, 선을 넘나드는 요소로 다루어지고 있다.

그리고 보면 아이들이 친구를 따돌릴 때도 냄새를 핑계 삼아 쓴다. 어린아이들, 유치원이나 어린이집에 다니는 아이들이 친구를 괴롭힐 때, 코부터 잡지 않던가. 철없는 아이들조차, 핑계를 댈 만큼, 냄새의 힘은 강력하다.

그런데도 나는 지금까지 냄새에 대해 심각하게 생각하지 않고 살아왔다는 것을, 영화를 통해 깨닫게 되었다.

그리고 이제 영화를 떠올리며…
냄새에 대해, 나에게서 풍기는 냄새에 대해, 생각해 본다.
잠시 후, 코를 킁킁대며 주변의 냄새도 맡아 본다.
그러자 놀랍게도 온 집안에서 김치찌개 냄새가 진하게 풍기고 있다. 틀림없이, 내 몸에서도 김치 냄새가 풍기고 있을 것이다.

중요한 것은 방금까지 전혀 냄새를 맡지 못했다는 점이다. 그러니까 내가 먹은 음식 같은, 중요한 정보가 담겨 있음에도 나는 조금 전까지 냄새를 전혀 맡지 못하고 있었다.

그 사실을 깨닫자, 새삼 냄새가 두려워졌다.

냄새는 익숙하면 맡지 못하게 되니...
틀림없이, 나의 체취, 나의 입 냄새, 나의 땀 냄새가 풍기고 있었을 텐데...
내 코는 그만 익숙한 나의 냄새를 놓치고 있다.
24시간 내게서 냄새가 났을 텐데... 그 불쾌한 냄새를 타인이 더 잘 맡았던 것이다.

아차, 싶어 이제는 사람들을 만날 때, 냄새에도 신경을 쓰겠다고 생각했다.
나쁜 냄새를 없애고, 좋은 냄새를 풍기도록 관리하겠다고.
깨끗하게 샤워도 하고 향수도 뿌리고.

하지만 향수를 사려면 돈이 들고, 샤워를 하려고 해도 시간과 비용이 든다.
그러니 아마 이런 생각을 하는 사람도 있을 것이다.

-귀찮게 냄새에 신경 쓸 여유가 어디 있어.
-밤낮없이 일하며 먹고살기도 바쁜데.
-씻지 않는다고 죽는 것도 아니고.
-목욕할 시간에 차라리 놀거나 쉬겠다.

정말 냄새를 관리하는 사람은, 생각도 생활도 여유로워야 할 것 같다. 영화에 나온 인물들처럼... 그들이 풍기는 냄새에 생활의 부유함, 안락함이 실려 있는 것이다.

 이제는 재벌을 묘사할 때, 명품을 휘감은 것으로 표현할 수도 있지만, 머리끝에서 발끝까지 풍기는 색다른 향기로도 묘사할 수 있을 것 같다.

 역시, 좋은 작품은 내가 미처 생각하지 못한 점을 일깨워 주고 가르쳐 준다.
 온종일 냄새에 대해 궁리를 하며, 나의 편견과 선입견을 깨뜨려 줄 좋은 작품을 또 만났으면 좋겠다고 바랐다.

12 성격 급한 친구에게 배운 말

내가 알고 있는 사람 중에 아주 성격이 급한 사람이 있다.
아마 모르긴 몰라도 '급한 성격 오디션' 같은 걸 하면 틀림없이 메달권에 들 것이다.
그에 관한 일화가 꽤 여럿이다.

먼저, 그는 문에 자주 부딪친다. 그게 마치 코미디 같다.
정말 옆에서 보면 슬랩스틱 코미디처럼, 왼손으로 손잡이를 앞으로 잡아당겨 문을 열면서 그 모서리에 이마를 쿵, 찧는 것이다.
-뭐야?
처음에 놀라 물어봤더니,
-마음이 급해서 문을 다 열기도 전에 몸이 나갔어.
하고 대답한다.
정말 놀랍지 않은가.

호텔에 묵을 때도, 방으로 놀러가 보면 옷장 아래에 구두가

한 짝 나와 있다. 그리고 옷장 문이 신발에 걸려, 열려 있는 것이다. 왜 옷장 문을 열어 놓는 건지 이상했다.

  –이거 일부러 신발로 문을 받쳐 놓은 거야? 옷장 문을 왜
    열어 놔?

  진짜 그런 줄 알았다.

  그러나 그게 아니었다. 옷장에 있던 슬리퍼를 꺼내고 신발을 넣는데, 하나를 넣고 나머지 한 짝을 넣을 때 급하게 문을 닫아서 그렇다는 것이다.

  이러면 운전도 심하게 과속을 할 것 같지만 다행히 그렇지는 않다. 그는 자신의 건강과 생명을 끔찍이 아끼는 사람이라, 운전할 때는 규정 속도를 지킨다.

  대신, 규정 속도에서 10킬로를 넘지 않는 선에서 아슬아슬하게 운행을 하기 때문에 그 속도를 유지하느라 오직 달리는 일에만 집중한다. 음악도 틀지 않고 다른 사람과 대화도 일절 하지 않는다.

  이런 그가 가장 싫어하는 것이, 규정 속도에 미치지 못하는 거북이 운행이다. 느릿느릿 가는 차를 보면, 외우기라도 한 건지, 도로마다 정해진 속도를 외치며 빨리 가라고 소리를 지른다.

  어느 날도 그는 느릿느릿 가고 있는 트럭을 보며 답답함을 이기지 못해 마구 소리를 쳤다.

-어이, 트럭! 빨리 달려. 모르는 길이라도 빨리 달리란
 말이야. 여긴 70이잖아.

나는 어이가 없었다. 아무리 그래도 그렇지. 모르는 길을 어떻게 빨리 달리란 말인가.
-모르는 길이면, 아니, 처음 왔다는 말인데. 어떻게 빨리
 달려? 위험하잖아.
그 말이 이치에 맞지 않아 한마디 하고 말았다.

그러나 그는 당당했다.
-참, 나. 앞에 저거 안 보여? 터널이잖아. 제한 속도 70킬
 로 00터널. 여길 탔으면 무조건 저 터널로 지나가는 거야.
 빠질 데도, 샛길도 없어. 그러니 70킬로로 달려야 되지.

아, 그런가.

어쨌든 나는 그 덕분에 희한한 말을 하나 알게 되었다.
-어이, 달려. 아저씨! 모르는 길도 빨리 달리란 말이야.

13 우주인과의 조우 - 도시락을 먹는 지구인의 자세

놀라운 장면을 보았다. 물론 일부 사람의 행동이지만, 기본 예의를 지키지 않는 것이다.

나는 그들을 보며 '왜 아무도 저걸 가르쳐 주지 않았나, 부모님이 가르쳐 주지 않았나' 궁금해졌다.

그리고 급기야, 그들은 우주인이란 결론에 도달했다.

남을 배려하고, 남을 위하고, 그런 이타적이고 고귀한 정신까지는 아니어도...

적어도 지구에서 함께 살려면 합리적인 개인주의쯤은 배워야 할 텐데. 그들이 걱정스럽다.

빙빙 둘러 말할 필요가 없다.

딱 까놓고, 이런 상황을 말하는 것이다.

여러 사람과 함께 밥을 먹게 되었다.

각자 도시락을 싸 와서 먹는다. 식당이나 편의점에서 사 와도 상관없다.

일단 한 테이블에 여러 명이 모여 식사를 한다.

그때 내 반찬도 내놓고 남의 반찬을 먹든가, 아니면 각자 자기 반찬을 먹는 것. 그게 기본 예의가 아닐까.

작은 사무실에서 일주일 정도 일을 하며 직원들과 식사를 한 적이 있었다.
그런데 희한한 장면을 봤다. 나는 사람들의 행동을 유심히 보는 성격이라, 그때 본 것이 글을 쓸 때 큰 도움이 되었다.

점심시간이 되자, 사람들이 세 종류로 나뉘었다.
집에서 도시락을 싸 오는 사람들.
편의점 도시락을 사 오는 사람들.
그리고 즉석 밥이나 삼각김밥을 사 온 사람들.
사무실 한 켠에 칸막이를 치고, 식탁으로 쓰는 동그란 테이블에 사람들이 모였다.

그런데 놀라운 장면이 펼쳐졌다. 직원 두 명이 즉석 밥과 삼각김밥을 전자레인지에 데워 와, 덜렁 자리에 앉는 것이다. 그리고 도시락을 싸 온 사람들의 반찬을 당연하다는 듯, 먹기 시작했다.
원래 대부분의 도시락이 그렇지 않은가. 밥은 많고 반찬은 적다. 그런데 도시락 주인들이 다 먹어도 모자랄 반찬을 그 둘이 덥석덥석 먹어 치웠다.

너무 놀라고 궁금했지만, 사흘을 꾹 참았다가 도시락 주인 중 한 명에게 물어봤다.

두 사람과 친한 사이여서 반찬을 대신 싸다 주는 것이냐고.

물론 반찬의 양을 보면, 절대 그럴 일이 없는 1인분이었지만 말이다.

역시나, 아니라는 것이다. 자기가 온 첫날, '반찬 한 번 먹어 보라' 말을 했는데, 그 이후로 계속 먹는다는 것이었다.

처음에 했던 말이 인사치레였건 진심이었건, 그것은 그 첫날로 끝난 문제다. '앞으로도 계속, 쭉 제 반찬을 드세요'라고 한 것도 아니지 않는가.

하다못해 먹을 때마다, '오늘도 반찬 좀 먹어도 될까요?'라고 물어보기는 해야 하지 않을까.

아니면 적어도 자기 역시 한 가지 반찬은 내놓고, 남의 반찬을 먹어야 하지 않나.

아니다. 그게 문제가 아니다.

다 먹고 나서도 '잘 먹었다. 고마웠다'는 인사를 하지 않는 게 가장 분노스러웠다.

그걸 누가, 아무도 그들에게 가르쳐 주지 않았단 말인가?

-네가 도시락 싸는 게 귀찮은 것처럼... 남도 도시락을 싸는 게 귀찮아.

-네가 도시락 싸는 데 돈이 들어가는 것처럼... 남들도 도
 시락 반찬을 만들려면 돈을 써야 해.
-네가 네 시간과 돈이 아까운 것처럼... 남들도 자기 시간
 과 돈이 아까운 거야.

그 일주일 내내 나는,
당연한 듯 밥만 사 와 남이 도시락 펼쳐 주기를 기다리는,
당연한 듯 남의 수고가 들어간 반찬을 먹어 치우면서도 고
맙다고 인사를 하지 않는,
30대의 희한한 우주인들을 보고 말았다.

그리고 도시락 주인이 반찬을 다 뺏기고 거의 밥만 먹는 것
을 보면서, 이런 생각을 했다.
-저 우주인들은 어느 행성에서 온 것인가.
사람은, 남에게 축복은 받지 못하더라도 적어도 밉상이라
는 말을 듣지 않으려 할 텐데.
세상사, 사람들 속에서 살아가는 건데,
사람들에게 미움 받는 행동을 하며, 어떻게 잘 되기를
바랄 것인가.

영어 단어 하나보다
수학 공식 하나보다

우리는 사람들과 어울려 살아가는 법, 을 배웠어야 했다.

어쨌든 혹, 우주인의 가족이 이 글을 본다면,
당분간 지구에서 살 예정이라면,
부디 아이들에게 지구인의 예절을 가르쳐 주기를 바란다.

14 이런 게 있었으면 좋겠다, 가 아니라
제발 이것 좀 표시해 주길

 일을 하러 다른 도시에 갈 때마다 숙소는 앱을 이용해 예약한다.
 그런데 지금까지 열 번에 한 번 꼴로 끔찍한 경험을 했다.
 그것은 '호텔'이라는 이름을 보고 갔는데 '러브 호텔'인 경우였다.

 물론 가장 큰 원인은 가격이 저렴한 곳을 최우선 기준으로 찾은 내 탓이 크다.
 하지만 틀림없이 별표가 3개 이상에다 '호텔'이라고 적힌 간판의 사진까지 확인했음에도…
 도착해 보면 오후부터 한밤, 새벽까지, 옆방에서 벌어지는 낯 뜨거운 장면을 피할 수가 없다.
 아무리 텔레비전 볼륨을 최대로 키우고 밤에 늦게 들어가도, 새벽에 잠을 자야 할 때는 미칠 지경이 된다.

그런 꼴을 당하고 나면 나중엔 아예 그 도시 자체가 꼴도 보기 싫어진다.

그러나 실로 얼굴이 뜨거워질 때는, 텔레비전 볼륨을 키운 채 뜬 눈으로 밤을 새고, 이튿날 로비에서 외국인 관광객을 만나는 경우다.

짐을 잔뜩 넣은 캐리어를 끌고 오는 중국인 가족의 표정이 무척 안 좋다. 나처럼 잠을 못 잔 흔적이 역력하다.

아차, 싶었다. 빨리 조치를 하지 않으면, 이거, 관광 산업이 큰 타격을 입을 것 같다.

정말 한 점 망설임 없이, 나는 숙소가 엉망이었던 곳은 도시 자체가 다시는 방문하고 싶지 않은 곳이 되니까 말이다.

그래서 간절히 바라 본다.
'관광객 전용 숙박 업소'를 지정해 알려 주면 좋겠다고.
여행객 전용 업소라 해도 좋고.
아니면, 숙박 업소 내에 '여행객 전용 층'을 만들어 주면 안 될까. 그것도 안 된다면, 밤 시간만이라도 '여행객 전용 층' 만들어 주면 고마울 것 같다.

국내 여행 붐도 일고, 혼자 여행을 다니는 사람도 많아지는 이때, 이런 배려가 큰 도움이 될 것 같다.
그러니 부디, 제발... '여행객 전용' 표시 좀 해 주길.

15 나이가 들었음을 깨닫게 된 순간

　나이는 숫자에 불과하다지만 이래저래 나이에 따라 많은 모습들이 달라지곤 한다.
　그중 하나가 여행이다.

　온양에 갈 일이 있어서, 온천에 들르게 되었다.
　온양, 하면 온천 아니겠는가. 그래서 온천탕이 있는 호텔을 잡아 쉬기로 했다.
　저녁을 먹고, 드디어 그 유명하다는 온양 온천에 들어갔다.
　하지만 나는 기본적으로 온천욕처럼 정적인 활동을 좋아하지 않는다. 그래서 처음엔 가볍게 몸을 데우고 나올 생각이었는데 물이 깨끗하고 좋았다.
　그리고 뜨거운 온천에 몸을 담그고 있으니 피로가 풀리는 것 같았다. 그 바람에 나도 모르게 한 시간도 넘게 온천욕을 즐기고 나왔다.

　그리고... 내가 나이가 들었음을 확, 깨달았다.

이건 마치, 내 기억에 있는 어머니의 여행이 아니던가. 나이 많은 분들이 좋아하는 여행을 나도 즐기고 있었다.

가끔 어머니와 여행을 해 보면, 당신은 관광도 싫고, 유적지나 박물관이나 전시회도 그냥 따라다닐 뿐이고, 대신 좋은 경치를 보거나, 편히 몸을 쉬며, 맛있는 음식을 잡수시는 것을 좋아하셨다.

그래서 나이 많은 사람들이 좋아하는, 그들에게 맞는 여행이 따로 있다고 생각하고 있었다.

하지만 뜻밖에 내가 편히 온천욕을 즐기다니, 나이가 들었다는 증거가 아니겠는가.

물론 젊은 사람도 온천을 좋아하고 편히 쉬는 것을 좋아할 수 있겠지만, 나는 달랐다.

다음 편에 이어지는 나의 여행 이야기에도 나오겠지만, 내가 처음 보는 도시에 와서 이렇게 편안하게 쉬고 있다니...... .

아, 나는 늙기 시작한 것이었다.

16 '모든 일에 최선을 다하라'는 말의 의미

젊어 고생은 사서도 한다는 말은, 특히 여행에 해당되는 말인 것 같다.

집 떠나면 고생이라는데 여행을 떠나면 고생길이 훤할 것이고, 그 고생을 하기 위해 우리는 돈과 시간을 들여 여행을 떠난다.

때문에 원래 의미는 '젊을 때 고생은 좋은 경험, 배움이 된다'지만, 나는 '사서 하는 고생은 여행이지'라고 생각했다.

지금보다 젊은 시절, 여행을 많이 다녔다.

혼자는 물론이고 가족이나 친구, 지인들과 여행을 다녔다. 그리고 그때마다 경험이 많은 내가 사람들을 이끌었다. 코스도 짜고 식당과 숙소까지 내가 다 결정했다.

그러다 한번은 나보다 나이가 꽤 어린 동생들과 여행을 가게 되었다. 그런데 나중에 알고 보니, 여행이 끝나고서 내 뒷말이 돌았다는 것이다. 누구는, 다시는 나 같은 사람과 여행을 하지 않겠다고까지 말했다고 한다.

이유는 간단했다. '너무 빡세다'였다.

내 경우, 여행의 콘셉트는 하나다.
–여기에 다시는 오지 못할 것이다–

그런 줄 알았다. 세상에 얼마나 많은 나라와 도시와 유적지가 있는데, 돈과 시간을 들여 같은 곳을 두 번이나 가겠는가. 그것은 낭비라고 생각했다.
더욱이 비행기를 타야 하는 곳이면 비행 공포증까지 이겨내야 하니 말이다.
그래서 여행을 가면, 마치 다시는 여기 오지 못할 사람처럼 관광 코스를 짰다.
새삼 글로 적어 놓고 보니 당시의 각오가 떠올라... 얼마나 비장했던가, 웃음이 나올 지경이다.

아무튼 그렇게 비장한 여행인지라 예를 들면, 파리에서는 이런 코스로 여행을 했다.
처음에 베르사유 궁전을 보고, 그 다음 개선문에 도착해 샹젤리제 대로를 걸어 내려가, 루브르 박물관에서 전시품을 관람하는 것이다. 이것이 하루 코스였다.
그것도 전세버스가 있는 것도 아니고, 프랑스 철도와 지하철과 두 다리를 이용해 도는 코스였다.

그렇다고 대충 보고 지나치는 것은 용납이 안 된다.

맨 처음 이야기하지 않았던가. 다시는 이곳에 오지 못한다는 각오로, 볼 만한 모든 것을 다 찾아봐야 한다고.

그날은 베르사유 궁전의 매표소 앞에, 개점 한 시간도 전에 도착해 1등으로 줄을 서 있었다.

입장을 해서는 먼저 궁전을 관람하고, 꽤 멀리 떨어져 있는 별궁들, '그랑 트리아농', '쁘띠 트리아농'까지 구경을 마쳤다. 특히 별장까지 가는 길과 오는 길을 다르게 잡아 드넓은 정원을 거의 구석구석 다 돌았다.

베르사유 궁전의 정원은 대운하를 중심으로 정원수와 조각상, 미니 분수대가 대칭으로 조성돼 있다. 우리는 내려갈 때는 왼편의 정원을 구경했고, 별궁에서 돌아올 때는 오른쪽의 정원과 분수를 구경하며 올라오는 코스로 움직였다.

물론 미니기차 같은 것은 이용하지 않았다. 왜냐하면 미로 같은 정원에 숨어 있는 분수대와 조각상을 찾아다녀야 했기 때문이다. 그러니 오로지 발로 구석구석 걸어 다니는 것이 최선의 방법이었다.

그러니까 그 광활한 궁전과 정원을 오로지 두 다리로만 누비고 다녔던 것이다.

그리고 파리로 돌아와, 개선문에서 루브르 박물관까지 샹젤리제 대로를 3.6km 걸은 다음, 루브르 박물관에 들어가 4시간 넘게 관람했다. 특히 박물관에서는 안내문에 나온 그림과 조각만 찾아다니며 봤는데, 그것만 보는 데도 4시간이 훌쩍 지나간 게 놀라웠다.

아무튼 이 지경이고 보니, 아무리 한창나이의 동생들이라 하더라도, 체격이 나의 두 배가 되는 사람이라 하더라도... '쫓아다니다 무릎 도가니가 나갈 뻔했다'고 고충을 털어놓았다는 것이다. 다시는 나 같은 사람과 여행하지 않겠노라 고개를 흔들어 댔다고.

내가 이렇게 여행을 다니듯 어떤 일을 했으면, 크게 성공했을 것 같지 않은가.

살아오면서, '모든 일에 최선을 다하라'는 말을 그렇게 많이 들었는데.

이제 돌이켜 보면, 그 여행만큼 최선을 다한 적은 없는 것 같다.

그래서 나는 '최선을 다한다'는 이 막연한 말에 대해, 나름의 구체적인 기준을 가지고 있다. 바로 그 여행처럼 하면 되는 것이다.

-다시는 여기 올 수 없기에... 볼 수 있는 모든 것을 보고, 할 수 있는 모든 것을 하고, 먹을 수 있는 모든 것을 먹는다. 그것도 주어진 예산 내에서.

이렇듯 '모든 일에 최선을 다한다'는 말은,
'다시는 이 일을 하지 못한다'는 자세로 하면 되는 것이다.

그러나 그건 여행이니까 가능한 일이다.
처음 와 보는 다른 나라, 다른 도시, 다른 풍경과 이방인들 속에 있으니까. 그리고 다음에 또 여기 올 수 있을지는 실제로 불투명한 일이었으니까 말이다.
때문에 현실에서, 자신이 하는 일에서, 이런 자세를 가지기는 나로서는 불가능한 일이다.
매일 처리하는 업무, 날마다 반복되는 비슷한 일을 두고, 어떻게 '다시는 이런 일을 할 수 없다'고 자신을 속일 수 있겠는가.
결국 '모든 일에 최선을 다하라'는 말은,
나 같은 사람에게는 듣기에도 무섭고 실천은 꿈도 못 꿀 경지의 말인 것이다.

그래서 나는 최선을 다하라는 말보다,
'성실하라, 꾸준히 노력하라'는 말에 더 공감이 간다.
어제와 오늘, 똑같은 일에 늘 비슷한 일상이지만,
지치지 않고 꾸준히 자리를 지키는 것.
이전보다 조금이라도 나아지려고 노력을 해 보라는 것.
그런 충고가 훨씬 더 마음에 와 닿는다.

17 내가 좋아하는 말 1 - 작심삼일

나는 '작심삼일'이란 말을 아주 좋아한다.

왜냐하면 작심삼일이라니, 어쨌든 3일간은 노력을 기울였다는 뜻이기 때문이다.

그게 쌓이면 없는 것보다는 낫지 않을까.

매일 운동을 하겠다고 마음먹고, 워킹머신에 올라가 걷다가 3일 만에 때려치운다. 그걸 한 달에 한두 번, 여름이 다가오면 한 달에 서너 번까지 한다.

1년을 모으면 제법 여러 달이 넘을 것 같다.

그래서 '겨우 작심삼일로 끝날 거면서.'라고 비아냥거리는 말을 들으면, '어쨌든 3일은 했으니 훌륭하지 않은가.'라고 대꾸해 준다.

또한, '작심삼일'은 그것을 하겠노라고 일단 마음을 먹었으니, 그 자체로 훌륭하다.

마음을 먹는 것, 각오를 다지는 것은 무엇보다 훌륭한 일이라고 생각한다.

머릿속에 해야 할 일을 알고 있는 것은, 살아가는 데 있어 아주 중요한 것이다.

그런 생각도 없이 무의식적으로 하루하루를 보내면, A.I.도 못 되는 동물일 뿐이 아니겠는가.

동물이 나쁘다는 것은 아니지만, 어쨌든 이번 생은 사람으로 태어났으므로... 라고 전에 이야기를 했다.

작년에 나의 '작심삼일' 목록을 보니, 생각보다 여러 번 여러 일에 도전했다.

-라면 먹지 않기
-매일 10분간 명상하기
-각 채널 뉴스를 보고 내용 비교해 보기, 등등.

딱 3일만 한 것은 아니고 꽤 오랫동안 성공한 것들도 눈에 띈다.

그리고 또 생각은 급전환을 한다.
-그러니까 작심삼일이란... 이건 마치 3일간 새로운 일에 도전하는, 챌린지가 아닌가.

오호, 그렇다면 올해엔 어떤 일에 도전해 볼까.

하고 싶은 것을 참는 일일 수도 있고.
... 10시 이후에는 텔레비전 끄기.
하기 싫은 일을 억지로 하는 일일 수도 있다.
... 하루에 양파 반 쪽 먹기.
나의 건강과 미래를 위해 어떤 일을 '작심삼일' 하게 될까.
그것을 궁리하는 일도 재미가 쏠쏠하다.

그러니 자기 비하는 금물이다.
어쨌든 좋은 일을 하려고 마음먹었고, 한 번이라도 실행에 옮겼으면, 열심히 살고 있다는 증거다.

18 내가 좋아하는 말 2 - 대기만성

영재나 천재보다 내가 좋아하는 사람은 대기만성형의 사람이다.
거기에는, 타고난 재능보다 꾸준한 노력으로 결실을 이루어 낸 사람, 이라는 의미가 담겨 있기 때문이다.

오래 전, 도예가의 작품 전시회를 보러 가서 마음에 쏙 드는 꽃병을 발견했다.
난생처음 가격이 궁금해셨다.
손바닥만 한 작은 꽃병이었지만, 역시 전시회에 나온 것은 꽃병이 아니라 '예술혼이 담긴 작품'이었다. 그것을 큐레이터가 친절하게 가격으로 알려 주었다.
그렇구나, 감상만 하고 돌아서자 싶었는데, 그는 나에게 다른 항아리를 가리키며 '저게 여기서 가장 비싼 작품'이라고 알려 주기까지 했다.
그런데 그 이유가 또 궁금해졌다.
훨씬 아름답고 섬세한 조각이 들어간 작품이 많은데, 그것은 단지 둥글고 크기만 큰 백자 항아리였기 때문이다. 그게 왜 제일 비싼 것인지 얼핏 이해가 가지 않았다.

　내가 다른 게 더 예쁜 것 같다고 말하자, 그가 이런 말을 해 주었다.

　-대체로 도자기는 클수록 비싸다. 좋은 흙을 골라, 저 정도 크기의 항아리를 빚어내는 것도 몇 배로 힘들고, 무엇보다 가마에 구울 때 온전히 구워 내기가 어렵다. 크기가 클수록 일그러지거나, 깨지거나, 금이 갈 확률이 높아진다.

　아... 말 그대로 큰 그릇은 이루어지기 힘들고, 완성되기도 어려운 것이었다.
　옛말이 그른 것이 하나도 없다지만, 정말 큰 그릇엔 몇 배의 노력과 정성이 들어가 있었다.
　수없이 일그러지고 깨지고 금이 가는 도자기들 속에서, 겨우 하나 완성작이 나올까 말까 하니.
　도자기가 그럴진대, 사람의 실력이 노력으로 향상되는 것은 얼마나 어렵겠는가.

　그 후로 천재나 영재나 화려한 스타보다는, 부단한 노력을 기울이는, 그래서 지금보다 나중이 더 기대되는 대기만성형의 사람들을 응원하게 되었다.

19 1인 방송 아이템 - 전국의 맛은 다르다

 맛 기행을 떠나거나 맛집을 소개해 주는 방송과 더불어, 요리에 관한 방송이 봇물 터지듯 쏟아져 나오고 있다. 예전에 검색창을 석권했던 블로거들도 인기 유투버들도, 맛집을 찾아가 먹방을 선보이니, 우리나라는 그야말로 '쿡방과 먹방'의 기세가 뜨겁기만 하다.
 물론 나도 애청자로서 그런 방송을 즐겨 본다. 대신 이 한마디를 첨언하고 싶다.

 -입맛은 확실히 개인차가 있다는 것
 -음식 맛은 확실히 지역색이 존재한다는 것

 물론 맛있다는 말과 인증이 있어야 가고 싶은 마음이 들겠지만,
 그리고 그 사람들 입에는 정말 맛있는지 모르겠지만,
 내 경우를 보면, 방송을 보고 찾아간 식당에서 실망하게 되는 확률이 아주 높다.

아마 소개된 맛집을 찾아가 맛있다고 인정한 성패를 따진다면, '실패'가 훨씬 더 많을 것이다.

대중적인 입맛에 맞추었다는 대도시의 맛집도 나는 별로고, 지역민들이 추천하는 소도시의 맛집들도 찾아가 봤으나 맞지 않는 경우가 많았다.

그런데 특이한 것은 우리 일행을 빼고, 주변 사람들은 전부 맛있다며 감탄을 하는 경우도 있었다는 것이다.

특히 현지인들이 추천하는 지방의 로컬 맛집에서 그런 경험을 많이 했다.

그래서 내 입맛에 맞지 않을 뿐, 방송에 나온 사람들은 정말 맛있었던 거구나, 믿게 되었다.

그리고 그 차가 어디서 오는 것인지 곰곰 생각하다 '지역의 입맛 차이'도 있다고 결론을 내렸다.

음식은 어릴 적 기억과 경험이 지배한다는 얘기를 들은 적이 있다.

아마 '식용 곤충, 식용 바퀴벌레'에 관한 이야기를 나누면서 맛 칼럼니스트가 그런 말을 한 것 같다. 미래 먹거리라는 곤충을 먹이고 싶으면 아이 때부터 먹여야 한다고.

내 입맛은 확실히, 어머니의 손맛과 친구들과 쏘다니며 먹었던 지방의 맛에 길들여져 있을 것이다.

때문에 '지역의 맛집 탐방'이란 주제가 아주 흔한 것 같지만, 만약 그런 내용의 콘텐츠를 제작하게 된다면, 나는 각 지역의 사람들을 모아서 데리고 다닐 것이다.

즉, 전라도, 충청도, 서울, 경기, 강원도, 경상도의 지역민을 모아, 함께 전국의 음식점들을 찾아다니는 것이다.

그리고 각자의 입맛, 지역의 입맛에 따라 솔직한 반응을 보이게 할 것이다.

물론 그 사람들이 지역민의 보편적 입맛이라고 주장할 수는 없겠지만. 그 지역에서 나고 자란 30대 이상의 사람이면 괜찮지 않을까. 이왕이면 5,60대로, 확실히 지역의 입맛이 각인되어 있는 분들이면 더 좋을 것 같다.

그들이 그렇게 모여 같은 음식을 먹으면 무척 재미있지 않겠는가.

신선하고 재미있을 것 같다.

틀림없이 같은 음식이라도 지역의 입맛에 따라 호불호가 갈릴 것이고, 맛있다는 쪽과 맛없다고 느끼는 쪽으로 나뉠 것이다. 무엇보다 맛이 없다고 느끼는 쪽은, 왜 그런지 이유를 설명하면 좋겠다.

-내 (우리 지역의) 입맛엔 짜다,

-내 (우리 지역의) 입맛엔 달다,

-내 (우리 지역의) 입맛엔 맛이 단조롭다, 등.

아마 내가 시청자라면, 나와 같은 지역민의 반응을 유심히 볼 것 같다. 물론 다른 지역민들이 어떻게 느끼는지도 궁금해서 모두 열심히 볼 것이다.

그러다 그들 모두가 맛있다고 이구동성으로 말하는 식당을 발견하면, 그곳은 얼른 리스트를 작성할지도 모르겠다.

그곳이 매회 나오든 한 번도 나오지 않든, 그것을 기대하며 지켜보게 될 것 같다.

그런 콘텐츠의 제작자로 나선다면 나의 최종 목표는 바로 이것이다.

맛있는 음식을 소개하는 방송은 많으므로 잠시 놔두고, 우리는 조금 색다르게, 맛이 없어도 지역 고유의 음식을 소개하는 것이다.

-이 음식이 이 지역 고유의 음식입니다. 다른 지역 분들의 입맛에는 맞지 않을 수 있지만, 여기서는 그래도 이걸 먹어 봐야 합니다. 음식은 아주 훌륭한 문화적 체험이니까요. 지역 고유의 역사와 유래가 담겨 있는 이 음식을 한 번 잡숴 보시는 게 어떨까요.

이렇게 솔직하게 맛을 소개하고 싶다.

그리고 지역색이 강한 음식을 맛보는 팔도 사람들의 반응을 보여 주는 것이다.

나는 맛있다고 혼이 빠질 만큼 음식 맛을 찬양하고 싶지도 않고, 누구라도 내가 권한 음식을 먹고 실망하게 되는 것을 원치 않는다.

시청자들 일부라도 우리의 추천에 따라 지방색이 강한 향토 음식을 먹게 되길 바랄 뿐이다.

그리고 '진짜 맛있을까'라는 의심이나, '진짜 맛있겠지'라는 환상에 사로잡혀, 마치 검증하듯 음식을 먹기보다는…

이 지역 분들은 이런 맛을 즐기는구나, 생각보다는 입에 맞네, 라고 말해 준다면, 보람을 느낄 것 같다.

무엇보다 시청자들이 방송을 보고 찾아간 식당에서 '속았다'는 말은 하지 않도록, 하고 싶다.

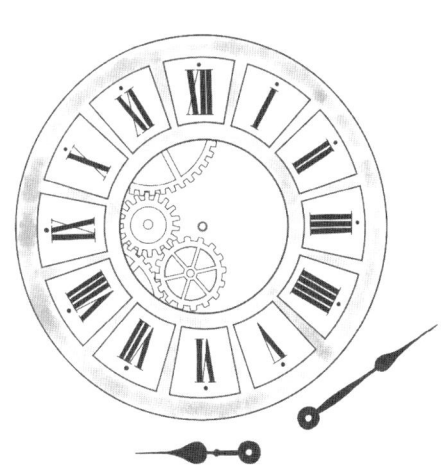

1 기도가 이루어지는 조건

신앙을 가졌건 가지지 않았건, 사람들은 늘 기도를 한다. 저도 모르게 마음속으로 뭔가를 바라며 살고 있다.

그런데 남을 위한 기도를 간절히 하면 이루어진다는 말을 들었다.

혈연은 물론이고 어떤 이해관계나 연고도 없는, 생판 남인 누군가를 위해 간절히 기도를 하면 이루어진다는 것이다.

그 말을 듣고 고개를 끄덕였다.

그게 신이 기도를 들어주는 조건이라는 말에, 어떤 트집도 잡을 수 없다.

만약 그렇게 자신과 관계없는 타인의 행복을 빌어 줄 수 있는 사람이라면... 그가 바로 성직자요, 고귀한 인간이 아니겠는가.

자신과 일면식도 없는 타인과 세상을 위해 간절히, 간절히, 기도를 올리는 사람이라면, 하늘도 부름에 응답해야 할 만큼 특별한 존재가 아니겠는가 말이다.

그렇게 남을 위해 기도하는 사람들이 많다면, 세상은 전쟁과 난민이 없는... 사랑이 넘치고 평화로운 곳이 될 것이다.

신을 섬긴다는 종교인의 입에서, 아름다운 기도 대신, 다른 사람에 대한 저주의 폭언이 쏟아지는 것을 보면서 그런 생각이 들었다.

만약 신이 있다면,
기도라는 것은 다름 아닌 신과 소통하는 언어가 될 텐데,
어떻게 남을 저주하는 말을,
신께 기도라고 올릴 수가 있는가.
그리고 남을 향한 저주와 폭언을 듣고, 그것을 이루어 주는 신이라면... 과연 그 신은 어떤 신인가.

정말 전지전능한 하늘의 신이라면, 남을 저주하는 말보다 남을 축복하는 말, 남을 위한 기도를 듣고 싶지 않을까.
기도의 말이라는 것은, 그것을 듣는 대상이... 자신이 생과 사를 의탁한 '신'이라는 것을 잊으면 안 될 것이다.

기도는,
신.. 그분의 귀에 들어가는 언어다.
신.. 그분이 듣고 계시는 언어인 것이다.

그러니 자신이 믿는 신을 기쁘게 하기 위해서라도,
타인을 위한 아름다운 언어의 기도를,
올리는 게 좋지 않을까... 생각해 본다.

2 '자기 확신'을 할 수 있다면

 솔직히 자기가 하고 싶은 일을 모르겠다거나, 만나는 사람이 없다면 미래와 운명이 궁금할 것도 같다.
 그러나 정말 하고 싶은 일을 찾았을 때도, 좋은 사람을 만난 것 같은 때에도, 사람들은 운명학을 찾는다. 점과 사주를 보고, 타로를 보러 간다.

 사람에 대해 궁금한 것은 나 역시 마찬가지다.
 열 길 물속은 알아도 한 길 사람 속은 모르는 법이니까. 새로 만난 연인이 어떤 사람인지, 나와 맞는지 아닌지 궁금하기도 할 것이다.
 운명학을 전지전능한 신의 계시로 믿지 않는다면, 명리나 점성술에 의지해 사람의 감춰진 모습을 알아내려고 노력하는 것은... 그래서 이해할 만하다.

 반면, 꼭 하고 싶은 일을 찾아 놓고 그 일을 할까 말까, 망설이며 운명에 기대려는 사람은 글쎄... 고개를 갸웃하게 된다.

아마 그런 분들은 '자기 확신'이 없기에 운명을 알고 싶은 게 아닐까 싶다.

세상에서 가장 부러운 사람 중 하나가, 하고 싶은 일을 하며 돈을 버는 사람일 것이다.
인터뷰에서 그런 말을 종종 들었던 것 같다. 좋아하는 일, 하고 싶어 했던 일을 직업으로 가진 사람이 제일 부럽다고. 구체적으로 예를 들자면 운동선수나 프로게이머, 연예인 등이 될 것이다.

그러나 모든 일은 우리가 보지 못한 숨겨진 뒷면이 있다.
그리고 세상도 우리도, 변하기 마련이다.

때문에 세상의 어떤 일도, 명확하고 완벽하게 좋을 수만은 없지 않을까.
양면성, 다면성, 숨겨진 이면을 생각하면... 모조리 좋기만 하고 행복하기만 한 일은 없는 것 같다. 선망의 대상이 되는, 좋아 보이는 일일수록 오히려 리스크도 크다.

축구를 좋아하던 아이가 자라서 프로 축구 선수가 된다. 거기서 끝이라면 그는 우리가 부러워하는 사람 중, 하나가 된 것이다.

그럼, 프로 축구 선수가 되었으니 모든 게 해피 엔딩인 것인가. 아니다. 비로소 시작이다.

이제 그는 경기에 나가야 한다. 그리고 그 축구 경기를 보라. 그것이 얼마나 피 말리는 위험한 스포츠인가를.

프로 선수들은 매 시합 때마다 딜레마에 빠질 것 같다.

몸값에 버금가는 멋진 기술과 실력을 보여 줘야 하지만, 발을 다치는 순간 선수 생활은 강제로 마감이다. 그런 양날의 검과 같은 시합에서, 상대 선수들의 태클과 공격을 막아 내며 자신도 공격을 해야 한다.

물론 상대 선수도 똑같은 딜레마에 빠져 있고, 프로라면 모든 경기에 최선을 다하는 게 당연하겠지만 말이다.

하지만 몸으로 하는 운동이기에 몸에 부상을 입을 확률이 매우 높다.

때문에 처음엔 즐거웠던 경기라도 부상을 당해 재활 치료를 받고 난 후, 다시 경기에 나가게 된다면… 그 마음은 어떨까… 마냥 기쁘기만 할까.

혹, 살얼음판을 걷는 것 같지는 않을까.

이처럼, 언제나 시작과 끝이 같은 게 아니다.

마냥 좋은 일만도, 마냥 나쁜 일만도 있는 게 아닌 것이다.

좋아해서 시작한 일이, 나중에는 끔찍하게 하기 싫은 일이 될 수도 있다.

세상도 변하고, 사람도 변하고,

나도 변하고, 당신도 변하기 때문이다.

육체도 변하고, 생각이나 마음도 변하기 때문이다.

어렸을 때는 축구가 세상에서 제일 좋았는데. 눈을 감을 때까지 가장 좋아하는 운동으로 남아 있을 것인가.

산수는 좋았는데, 수학은 싫었다가, 사회에 나오니 좋다 싫다 상관없이 계산기를 두드리며 살 수도 있다.

때문에 하고 싶은 일을 찾았다면, 그 일을 직업으로 삼을 생각이라면, 열심히 생각을 해 보는 수밖에 없을 것 같다. 온갖 변화와 미래를 상상하며 '자기 확신'을 가질 수밖에.

무엇보다 장밋빛 미래와 성공한 롤 모델만 보며 그 일을 꿈꾸기 시작했다면, 반대로 처절하게 실패하고 좌절하게 되는 상황을 반드시 그려 보아야 할 것이다.

앞서 말했듯이, 운동선수가 될 생각이라면 부상을 입는 경우도 상상해야 하지 않겠는가.

그렇게 온갖 실패와 좌절의 상황을 상상하고 나서도 여전히 그 일이 좋다면, 꼭 그 일을 하고 싶다면,

그 일을 하면 된다.

다음의 진실 하나는 머릿속에 똑똑히 새겨 두고서.

– 성공도 당신의 몫이고, 실패도 당신의 몫이다 –

누가 하라고 해서 한 일이든,
자신이 선택해서 한 일이든,
어떤 일을 당신이 했다면, 나중의 결과는 반드시 당신이 책임지게 돼 있다.
혹, 그 일을 시작할지 말지, '남'에게 물어보고 결정했다 하더라도,
'남'은 그 어떤 결과도 책임지지 않는 '타인'이라는 것을 머릿속에 똑똑히 새겨 두자.
그 일이 실패로 돌아가더라도, 당신은 그 '남'에게 겨우 따지거나 한탄밖에 못 한다는 것을.

어떤 일을 하든,
당신의 시간과 당신의 인생이, 걸린 일이다.
– 내가 이 일의 결과를 책임진다 –
이것이 바로 '자기 확신'이라 생각한다.

곧, 자기 확신이란, '자기를 맹신하라'는 말이 아니다.

'나는 무조건 성공할 거야, 나는 무조건 잘 될 거야'라는 생각을 하라는 것이 결코 아니다.

성공이든, 실패든, 내가 다 책임진다는 마음가짐.
그것이 바로 자기 확신이다.

하지만 나는 이런 것을 하나도 따지지 않고 글을 쓰기 시작했다. 성공하겠다고 생각한 적도 없고, 실패하면 어떻게 될지 책임지겠다고 생각한 적도 없다.
작가가 될 운명이었는지 알아보지도 않았다.

그저 너무나 글을 쓰고 싶었기 때문에 글을 썼다. 꼭 써야 할 글이 머릿속에 있었기 때문에 글을 쓰기 시작했다.

그러니까 자신이 꼭 그 길을 가고 싶다면, 운명에 매달리지 말고 가 보는 게 좋지 않을까.

내가 작가가 되는 것이, 운명이 가리키는 일이었다면 딱 맞아 좋을 것이고, 만약 운명을 거스르는 일이었다면, 그래서 실패를 한다고 해도...
그 또한, 인생에서 가치가 있는 일이라고 나는 믿고 있다.

운명을 거스르다... 이 얼마나 멋진 일인가.
내가 생에 꼭 한 번, 도전해 보고 싶었던 일이었으니 말이다.

3 행복론 2

 행복은 크기로 재는 것이 아니라고, 믿고 살아왔다.
 전편에서 그런 이야기를 했다. 소확행이 아니라, 매 순간 확실한 행복을 느끼는 '매확행'을 누린다고. 그렇게 행복에 대한 생각을 쭉 이어가다, 나의 최대 관심사 중 하나인 시간과 만나는 지점을 발견했다.

 문득, '행복하다고 느끼는 순간은 얼마나 길게 이어지는 것일까' 궁금증이 일었던 것이다.
 그리고 행복은 크기가 아니라, 그것을 느끼는 시간의 길이에 따라 달라지는 게 아닐까, 란 생각이 들었다.

 우연히 세계적인 갑부들의 라이프 스타일을 소개하는 방송을 보게 됐다.
 수억 원을 호가하는 자가용을 수집하는 재벌과, 운동화를 만 켤레 이상 수집한 소년이 나왔다.

나는 소년을 보며 궁금증이 일었다. 과연 저 아이가 수백만 원을 호가하는 리미티드 에디션 운동화를 사서 전용 룸에 진열해 놓을 때, 얼마나 오래 행복할 것인가.

아마 전시를 하고 SNS에 올려 '좋아요'를 받는 순간, 끝나지 않을까. 그리고 금세 시들해져 다음 컬렉션을 찾아 또다시 온라인을 뒤지지 않을까.

그 아이보다는, 성적이 올라야 원하는 운동화를 사준다는 어머니와의 약속에 이겨, 당당히 새 운동화를 신게 된 우리 동네 남학생이 훨씬 더 오래 행복하지 않을까 싶다.

거기까지 생각을 하자, 다시 이런 궁금증이 일었다.
그렇다면 행복을 느끼는 시간을 늘릴 수는 없을까.
즉, 행복감을 오래오래 느끼도록 유지하는 방법을 찾게 된 것이나.

맛있는 것을 먹을 때, 행복한 시간은 얼마나 될까.
나는 밥을 빨리 먹는 편이므로 남들보다 짧을 것 같다. 유독 천천히 식사를 하는 친구가 있는데, 그는 맛있는 반찬을 하나하나 음미하며 먹는다.

그래서 그에 맞춰 속도를 조금 늦춰 보았다. 그랬더니 확실히 즐거운 시간이 길어진 것 같았다. 그 후로 어쩌다 맛있는 것을 먹게 되면, 조금 천천히 먹는다.

그리고 점점 그런 꼼수가 늘기 시작했다. 좋아하는 일을 하게 되면 템포를 늦추는 것이다.

물론 정해 놓은 시간에 따라 움직여야 하는 일도 있고. 소중한 시간을 낭비하는 일이 없도록 주의해야 하지만.

책을 차분히 음미하면서 읽는다든가, 붉은 노을이 질 때는 천천히 걸어 집으로 돌아간다든가.

이렇게 행복한 시간을 조금씩 늘려 가기 시작했다,

그런데 이 꼼수의 또 다른 좋은 점을 뜻밖에 발견하게 되었다. 이렇게 행복을 길게 누리려면… 하기 싫지만 해야 할 일을 먼저 해치워야 하는 것이다.

공과금을 내거나, 은행에 일을 보러 가거나, 다른 사람에게 부탁해야 할 일이 있으면, 빨리 해 버리는 게 낫다.

귀찮고 싫은 일이 마음에 걸려, '해야 하는데. 하기 싫어.' 같은 생각에 사로잡히면 행복한 시간이 줄어들기 때문이다.

덕분에 꼭 해야 하는 일이 있으면 이전보다 빨리 처리하게 되었다.

이제 하기 싫은 일을 미루는 버릇이 조금씩 줄어들고 있다.

요즘엔, 내가 할 수 있는 선에서 조금이나마 오래 행복감을 느끼며 살려고 노력한다.

장수하는 사람들의 특징 중 하나가 느긋하고 여유로운 태도라고 하는 이유를 알 것 같다.

모든 것이 바쁘게 돌아가는 사회 속에서,
나 또한 하나의 행복을 눈 깜짝할 새 넘겨 버리고,
다음 행복, 다음 행복만, 찾아다니고 있지는 않은지.

이제,
한 호흡,
천천히,
행복을 음미해 보자.

4 진짜 행복한 웃음

나는 행복함을 느낄 때, 대체로 무표정에 가까운 것 같다. 여유롭게 하고 싶은 일을 하고 있을 때, 이게 행복이지... 라는 생각이 들 뿐.

그러나 타인의 행복은 확실히 웃는 표정으로 판단한다. 물론 외부 상황 때문에 웃음이 터지는 경우는 제외된다.

내가 예의주시하는 경우는, 억지로 웃고 있어야 하는 상황이다. 예를 들면, 연예인들의 팬 싸인회라든가, 정치인들의 유세 현장 등이 될 것이다. 앞에서 억지, 라는 말을 쓴 까닭은 그게 몇 시간이고 지속되기 때문이다. 그 긴 시간 동안 몇 번은 억지로 웃지 않았을까, 란 생각이 들었다.
어쨌든 그런 경우를 보면, 웃는 얼굴을 유심히 본다.
대부분의 경우, 그들은 자신에게 열광하는 팬들을 만나니 기뻐 죽겠다는 표정을 한다. 몇 시간이나 변치 않는 아름다운 웃음을 띠고 있다.

그러나 내 눈엔 대체로 '노련' 하게 보일 뿐이다. 진심으로 행복해 보이지 않는다.

행복한 웃음에 대한 내 기준이 너무 높은 것인지도 모른다. 내가 원하는 진짜 행복한 웃음은 바로, 아기의 웃음과도 같은 미소이기 때문이다.

엄마에게 안긴 아이가 아빠에게 가려고 고사리 같은 손을 오므렸다 펴며 환하게 웃고 있는 얼굴... 그 아기처럼 순진무구하고 천진난만한 웃음.

다행스러운 사실은, 가끔 그런 웃음을 보기도 한다는 것이다. 그런 때는, 저 분은 진짜 사람들을 만나는 게 행복하시구나, 란 생각이 든다.

그리고 나도 모르게 같이 미소를 띠게 된다.

나 같은 사람도 무장 해제 당하는 그런 행복한 웃음을 짓는 분들이 많아졌으면 좋겠다.

5 나의 목표 - 두 번의 힘을 가진 글

내가 글을 쓰는 목표는 하나다. 재미있는 글을 쓰자.
'재미있다'는 말이 너무 모호하면 이렇게 바꾸면 된다.
독자들이 두 번 읽을 수 있는 글을 쓰자.

내 경험으로는, 책을 두 번 이상 읽은 경우가 세 번이었다.
먼저, 읽다 보니 결말이 궁금해서 뒷부분을 읽고 난 후, 앞에서부터 다시 읽은 소설이 있다.
주인공이 위험에 처하는데 그가 끝까지 살아남는지 너무 궁금했다. 결국 마지막 장을 먼저 읽으며 주인공이 살아남는 것을 확인하고, 앞장으로 되돌아가 읽었던 책이 있다.

그 다음은 너무 재미있어서 처음부터 조금씩 아껴 읽었던 소설이 있다.
아까워서 천천히 읽었던 소설... 이걸 다 읽으면 무슨 낙이 있을까 싶어, 처음부터 아껴 읽었던 소설... 그 책은 지금까지도 여러 번 꺼내 읽는다.

만화나 영화 같은 경우엔 여러 번 보는 게 흔하다. 사람들이 대사를 외울 정도로, 열심히 보고 또 보는 영화나 만화가 몹시 부럽다.

그러나 책은 그런 경우가 드문 것 같다. 때문에 독자가 두 번 이상 읽어 주는 소설이 아주 부럽다.

웅장한 사운드도 없고 눈을 사로잡는 동영상도 아닌데. 뻔히 다 아는 스토리의 책을 다시 읽어 주다니.

그래서 고전의 반열에 오른 작품들은 실로 존경스럽기만 하다.

세 번째는 어떤 목적이 있어 그 책을 다시 봐야 하는 것이다. 배울 점이 있다든가, 교본이 된다든가, 필사를 한다든가.

재미가 있든 없든, 그 책을 다시 펼치게끔 만드는 이유가 있는 책들이 있다.

이 세 가지 경우 중 어느 것이라도 과연 이룰 수 있을까.

노력밖엔 답이 없다.

6 맛집에서 느낀 두 번의 힘

 책과 마찬가지로 맛집을 선정하는 기준도, 내 경우엔 '재방문 의사'로 결정된다.

 아무리 맛있고 특이한 메뉴가 있어도, 다시 오고 싶다는 생각이 들지 않으면 맛집이 아니다.

 주로 뷔페가 그런 경우에 속한다.

 또 오고 싶다는 생각보다 더 먹지 못한 것에 대한 후회나, 가격 대비 내가 먹은 양을 비교해 보게 되니 속만 쓰리다.

 그런데 이 경우를 뛰어넘은 식당을 하나 알고 있다.

 처음에 얼마나 맛있었던지 배가 잔뜩 부른데도 먹고 또 먹었다.

 바로 해남의 어느 토종닭 요리 전문점이다. 상호에 '통닭'이라고 써 있어, 웬 튀긴 통닭을 먹으러 여기까지 오나 싶었는데... 고추장 주물럭과 닭죽 등이 코스로 나오는 요리였다. 그리고 그 모든 메뉴가 예상 외로 아주 맛있었다.

 집에 돌아온 후, 아무리 삼계탕이나 후라이드를 시켜 먹어도 그 진한 토종닭의 맛을 잊을 수가 없었다. 그래서 몇 번이나 수백 킬로를 달려 또 가고 싶다는 생각이 들었다. 그러나 생각만 하고 시간이 흘렀다.

그러다가 다시 두 번째로 해남을 방문할 기회가 생겼다.

당연히 기억 속에 있는 그 집을 찾아갔다. 그때는 이미 2년이나 지난 후라, 머릿속에서 맛은 엄청나게 미화가 돼 있었다. 그것을 나도 알고 있었다.

내가 기억하는 그 맛이, 다시 먹고 싶다고 생각한 맛이... 전부 2년 동안 여기 오지 못하는 바람에 기대가 부풀어 그런 건 아닐까.

아니면 처음에 튀긴 닭 한 마리라고 생각했다가... 닭요리가 코스로 나와 예상을 못했기에 맛있었던 건 아닐까.

2년 전과 다름없이 치려지는 불판과 주물럭을 보며 의심스럽기만 했다. 맛도, 내 기억도.

과연 처음 먹었던 맛과 똑같을까?

아니 비슷하기라도 할까?

그러나 맛이 다르다고 해도 어쩔 수 없다고 생각했다.

두 번째라 기대감도 없고, 뭐가 왜, 맛있었는지 도무지 기억나지 않으니 슬쩍 포기하고 있었다.

하지만 두 번째로 먹은 요리 역시 내 입을 떡 벌어지게 만들었다.

어떻게 이런 일이.

처음 먹었을 때보다 더 맛있는 게 아닌가.

처음엔 이미 떡갈비정식을 먹고 와서 배가 부른 상태였다. 두 번째는 물론 간단히 아침만 먹은 상태였지만 기대 이상이었다.

두 번째가 더 맛있다니... 그런 집은 난생 처음이었다.

그 바람에 기준이 더욱 높아지고 말았다.

이제는 단순히 다시 찾을 뿐만 아니라 두 번째임에도 더욱 맛있게 먹을 수 있는 음식을 찾게 된 것이다.

이렇게 나는 두 번의 힘을 가진 것들을 찾아다니고 있다.

아무리 좋은 곳도, 또 가고 싶은 마음이 드느냐,

아무리 멋지다는 그림도, 또 보고 싶은 생각이 드느냐,

그것이 기준이 되었다.

'내가 다시 ~나 봐라'라며 투덜거리게 만드는 것들 대신,

'아 또, ~고 싶다'는 말이 나오게끔 만드는 것들을 찾는 중이다.

7 자각하라

요즘 새로이 인생의 지표로 삼은 단어는 '자각'이다.
스스로 깨닫는 것.
내가 누구인지
어떤 사람인지
무엇을 원하고
무엇을 좋아하고
무엇을 맛있다고 느끼는지
바로 '나'를 아는 것.

때문에 가장 기피하는 단어는 무자각이 되었다.
관성과 습성.
무의식적으로 밥을 먹고, 사람을 만나 생각 없이 떠들고, 그냥 시간을 흘려보내는 것.
내가 스스로 생각을 비우는 것이나 내가 스스로 가벼이 생각하는 것은 좋다.
그러나 중요한 것도 아닌데 머릿속을 차지하고 있는, 기억하자고 다짐하지도 않았는데 쓸데없이 넘쳐나는, 생각들이 너무 많다.

 예전에 공중파 파일럿 프로그램에서, 24시간 공복을 유지한 후, 원하는 음식을 먹게 해 주는 예능을 본 적이 있다.
 출연자들은 대체로 먹는 것을 좋아하는 사람들이었다. 그렇게 입에 먹을거리를 달고 살던 사람들이, 단 24시간을 굶었을 뿐인데 미각이 엄청나게 예민해졌다고 말하는 것을 보고 놀랐다.
 하루를 꼬박 굶고 나니, 음식의 짠맛, 단맛이 하나하나 고스란히 느껴진다는 것이다.
 새삼, 우리가 얼마나 둔감하게 무의식적으로 살아가는지를 알 수 있었다.

 모든 것을 자각하면 어떻게 될까.
 매시간 내가 무엇을 하는지, 무엇을 먹고, 무엇을 느끼는지, 나를 깨닫게 되면 어떻게 되는 것일까.
 석가모니를 가리키는 여러 이름의 뜻이 '깨달음을 성취한 존재'라는 것을 알고 깜짝 놀랐다.
 그러니까 부처는 전지전능한 힘으로 세상을 다스리는 게 아니고, 남에게 의지하지 않고 스스로 깨달음에 이른, 자각한 분이었던 것이다.

수십만 년 인류의 역사에서 깨달은 자는, 과연 몇이나 될까. 깨닫는 것. 그것이 인간이 신의 경지로 올라가는 비밀의 열쇠인가.

　자각하라.
　생을,
　자신을,
　타인을,
　세상을,

　자각하지 않으면 죄도 죄가 아니고, 삶도 삶이 아니며, 나도 내가 아니다.
　자각해야 비로소 세계가, 자신이, 삶이 존재하게 된다.

　자각하라.
　오늘의 햇살이 남에게 따뜻한 게 아니라,
　나에게 따뜻한 것인지,
　오늘의 바람이 남에게 시원한 게 아니라,
　나에게 시원한 것인지,
　오늘 이 순간, 나는 어디에서 무엇을 하고 있으며,
　내 주위의 세계는 어떻게 돌아가고 있는지.
　당신은 살아 있으며 살고 있다는 것을, 부디, 자각하기를.

8 시간을 아끼는 방법에 대한 망상

시간은 관념적이고 추상적인 것이라 실제 없다는 이야기도 들어 봤지만, 나는 희한하게 시간이 또렷이 보이는 것 같다.

매일... 해가 뜨고 지고,

해마다... 꽃이 피고, 눈이 내리고,

어린아이부터 노인까지, 거리에 스쳐 가는 사람들만 봐도... 시간이 확실히 보이지 않는가.

그리고 어느 고인의 장례식에 참석하게 되면, 확실히 개인이 가진 '시간의 끝'을 목격하게 된다.

하지만 이렇게 닳아 없어지는 시간을 한없이 낭비하는 사람들이 주변에 많다.

그들에게 아무리 시간이 아깝다, 시간을 아껴 쓰라고 얘기해도 알아듣지 못한다. 그들 눈에는 시간이 잘 보이지 않기 때문인 것 같다.

그 게으른 사람 중 하나와 만나기로 했는데, 자그마치 약속 시간에 30분이나 늦게 나타났다.

보나마나 미적거리다 집에서 늦게 출발했을 것이었다.
일만 아니었다면, 진작 자리를 떴을 텐데...
나는 화를 꾹 누르고, 그에게 하고 싶은 말을 넌지시 돌려 말하기 시작했다.

-... 사실 시간이 한정돼 있지 않은가. 그런데 왜 사람들은 시간이 줄어드는 것을 보지 못하는가.
사람들이 자기가 가진 시간이 사라지는 것을 볼 수 있으면 좋겠다. 이왕이면 몸으로 직접 체감할 수 있도록, 키가 쑥쑥 자라고 줄어든다면...

그러면서 그를 기다리는 동안 했던 망상들을 늘어놓았다.

-그러니까 사람이 태어나면 키가 2m까지 자라는 거다. 20세 성인이 될 때까지. 속도의 차는 있지만 평균적으로 해마다 10cm씩, 반 뼘씩 쑥쑥 자라게 된다.
그리고 30세를 기점으로 다시 키가 줄어든다. 이때는 해마다 5cm, 2년에 10cm가 줄고. 50세가 되어 키가 1m가 되면 그 후로는 더 이상 줄지 않는다.
이렇게 되면 시간이 흐르는 것을 모를래야 모를 수 없지 않을까. 해마다 이런 속도로 키가 자라고 줄어든다면, 하루가, 한 달이, 일 년이 가는 것을 어찌 의식하지 않을 수 있겠는가.

옷과 신발이 맞지 않는 것은 둘째로 치고, 나를 둘러싼 공간이 온통 좁아졌다 넓어질 테니.

내 세계가, 나를 둘러싼 모든 사물이, 커지고 작아지는 것이 눈에 훤히 보이게 될 테니 말이다.

그러니 사람들은 자신의 시간이 흐르고 있다는 것을 매 순간 느끼며 열심히 살지 않겠는가.

특히 키가 줄어들기 시작해 땅과 점점 가까워지면, 땅속으로 들어갈 날을, 자연으로 돌아갈 죽음을 생각하게 되지 않을까 싶다.

그러면서 기네스북에 올라간 세계 최장신이라는 사람의 사진과, '마담 투소 박물관'에서 본 농구 선수의 밀랍인형 사진을 보여주었다. 그리고 미리 찾아 캡처해 놓은 아프리카 피그미족과 세계에서 가장 키가 작은 사람의 사진도 들이밀었다.

–네가 이렇게 커졌다가 이렇게 작아지는 거지.

사진을 보는 그의 입에서 오, 놀라운 탄성이 절로 터졌다.

그러나 잠시 후, 그의 반격이 이어졌다.

나는, 그가 나처럼 제법 망상을 잘하는 사람이었다는 것을 잠시 잊고 있었던 것이다.

-망상은 망상으로 끝내야지. 실제 이런 일이 일어난다면, 부작용이 얼마나 크겠는가. 이렇게 키가 쭉쭉 늘어났다 줄어든다고 치면, 먼저 뼈마디가 아프고 쑤시지 않는 데가 없을 테고, 다 병원에 누워 있지 않겠는가. 그뿐이랴. 사람들이 이용하는 시설도 모두 큰 것과 작은 것, 두 종류를 만들어야 하고. 아예 큰 키에 맞춰 지하철이나 버스를 만든다고 해도 너무 비효율적이다. 비용만 어마어마하게 들 뿐이니 네 말은 진짜 망상 오브 망상일 뿐이다.

그러더니 그는 한 술 더 뜨기 시작했다.

-차라리 이건 어떤가. 싸고 간단하게 머리에다 고깔을 쓰고 다니는 거다. 55주 고깔을 만들어 쓰는데, 새해 첫날에 55cm고깔을 쓰고 한 주가 지날 때마다 1cm씩 잘라 버리게 만든다. 외출할 때는 반드시 고깔을 쓰도록 법으로 정해 놓고.

-아니면 이것도 좋다. 1년용 이쑤시개 판. 365일에 맞춰 네모난 나무틀에 365개의 이쑤시개가 꽂혀 있는 것인데... 설날에 이 판을 무조건 방에 설치해야 된다. 그리고 매일 아침, 알람이 울리면 한 개씩 이쑤시개를 뽑는 거다. 아마 한 두 달만 지나도 이쑤시개가 듬성듬성 휑하게 빠져 있는 게

잘 보일 테고... 그럼 그 판을 보면서 1년이 얼마 남지 않았다는 걸 알게 되지 않을까.

-..... 음, 그게 아니면 '평생 달력'도 있다. 일단 30년만 잡아서, 365일 곱하기 30년하면, 총 876000장짜리 달력인데, 무거우니까 거실 구석에 놓고 쓰는 건데... 이쑤시개 판처럼 매일 한 장씩 찢어 버리는 거다. 종이가 아까우니까 재활용지로 만들어 쓰는 게 좋겠다. 어쨌든 그걸 놓고 쓰다 보면, 달력이 얇아지는 게, 자기 인생이 줄어드는 게 눈에 똑똑히 보이지 않겠는가.

그는 신이 났다.

허, 나는 어이가 없었다.
속에서 부글거리는 뭔가와 함께 어느 개그맨의 유행어가 팍, 솟구쳤다.

-그걸 아는 사람이 그래!

9 내가 싫어하는 말

'목소리가 큰 놈이 이긴다'는 말이 싫다.

이것은, 나쁜 짓을 해도 악을 쓰거나 남에게 덮어씌우면, 뻔뻔하면, 이길 수 있다는 말처럼 들리기 때문이다.

시비가 붙으면 잘잘못을 따지기 전에, 혹은 자신이 잘못했다 하더라도 죄책감 따위 멀리 던지고, 무조건 우겨서 이기라는 말처럼도 들린다.

지금까지 우리 사회는 그랬던 것 같다. 목소리가 큰 사람에게 힘을 주고 그의 잘못에도 면죄부를 주었던 것 같다.

그리고 그 모습을 보며 자란 우리 역시, 남들과 싸울 일이 있으면 시시비비를 가리기 전에 소리부터 지르고 보게 된다.

교통사고라면, 아무리 경미한 접촉 사고라도 일단 뒷목부터 잡고 차에서 내리게 되고, 무조건 상대에게 삿대질을 하며 '당신 잘못이야'라고 소리를 내지르게 된다.

웃기는 건, 양쪽이 다 그러는 경우도 종종 볼 수 있다는 사실이다.

하지만 잘못을 저지르면 고개를 숙이고 사죄하는 것이 당연하지 않은가. 자신의 잘못으로 피해를 입은 사람이 있다면, 그들에게 사과하는 것이 당연하지 않은가.

아니, 그 전에 자신이 저지른 일이 잘못인지 아닌지, 누구의 잘못인지 판단해야 할 것이다.

그런데 요즘엔 어떤 문제든 '대결'과 '싸움'의 장으로 만들어 버리는 사람들이 있다.

그들은 자신의 주장이 옳고 상대 주장의 틀리다는 것을 말하기 이전에, 벌써부터 악을 쓰고, 목청 높여 막말을 하고, 화부터 내고 본다.

그래서 가뜩이나 소음이 만연한 사회에 더욱 큰 소음을 투척한다.

목소리가 큰 놈이 이긴다니까.
내 목소리가 커서 내 목소리만 들릴 거야.
무조건 내가 이길 거야.
그런 생각을 하며 고래고래 고함부터 지르는 사람들에게 다음과 같은 말을 해 주고 싶다.
방귀 뀐 놈이 성낸다고.

당신, 방귀 뀌었지.

10 눈이 나쁘면 안경을 끼자, 실수 좀 하지 말고

평생 안경과 거리가 멀었는데, 글을 쓰다 보니 시력이 급격히 나빠졌다.

가까운 데고 먼 데고 잘 보이지 않아 안경을 썼지만, 처음엔 너무 불편했다.

특히 안경의 발이 짓누르는 콧등 부위가 벌겋게 붓고 간지럽기까지 해서... 한번씩 안경을 벗고 긁어 주는데, 그러고 나면 손톱 독이 올라 더 붓고 아팠다.

그래서 처음엔 어지간한 일에는 안경을 끼지 않았다. 그리고 어떡하든 내 눈으로 사물을 알아보려고 미간을 잔뜩 찌푸린 채로 노려보는 꼴을 했다.

그 바람에 미간에 주름이 잡히고, 사나운 인상이 되었다.

그러나 그건 큰 문제가 아니었다.

사건은 어느 월요일 아침에 일어났다.

대부분의 직장인들이 비슷한 심정이겠지만, 전화로 고객 상담을 하는 친구는 유독 월요일을 힘들어했다.

마치 도살장에 끌려가는 소의 심정으로, 지하철에서 괴로움을 토로하는 문자를 보내왔다.

나는 그를 위로한답시고 이모티콘을 보내 주었다.

텔레그램에서 새로운 이모티콘 세트를 받았는데,

귀여운 아기 물개가 천천히 한 손을 들어 '힘 내!' 이런 느낌으로 주먹을 쥐는 그림이었다.

틀림없이 내 눈엔,

안경을 끼지 않은 내 눈엔,

그렇게 보였다.

그러나 답으로 친구에게 욕이 날아왔다.

다시 안경을 끼고 보니, 오 마이 갓!

아기 물개가 천천히 한 손을 들어 '가운뎃손가락'을 세우는 것이다. 이런!

아침에 힘들게 일하러 가는 친구에게 '쌍욕'을 날린 것이었다.

너무 당황해서 사정을 열심히 설명했다.

눈이 나빠서... 이런이런 느낌의 이모티콘인 줄 알고 보냈더니... 이런 '씨푸드'였다고 말이다.

착한 친구는 지하철에서 내 답을 읽으며, 사람들이 쳐다볼 정도로 크게 웃었다고 한다.

어쨌든 월요일의 우울함이 날아갔다고 하니, 그의 천성이 너그러운 것일 게다.

나 같으면, 실수든 어쨌든, 월요일 아침부터 욕을 먹었으니 기분이 나빴을 텐데.

어쨌든 그 다음부터 안경을 열심히 낀다.

나쁘다고 하면 고치면 될 걸.

꼭 사고를 치고 나서, 후회하며 고치는 것은 무슨 심보인가 말이다.

11 동지 팥죽과 공짜

세상에 공짜란 없는 것 같다.

동짓날 절에 가면 공양간에서 팥죽을 얻어먹을 수 있다는 것은 알고 있었다. 그런데 알고 보니, 큰 절은 새해 달력도 나눠 준다는 게 아닌가.
그래서 팥죽도 먹고 새 달력도 받을 겸, 12월 동짓날, 절에 가기로 했다.

어른들 말씀이 사람이 많으니 가서 기다리는 것이 낫다고 하시길래 일찍 출발했건만, 절의 초입부터 질리고 말았다. 주차장에 들어가기 위해 줄을 선 차들의 행렬은 끝이 보이지 않고, 도보로 올라가는 산길도 사람들로 꽉 들어차 있었다.
마침 일요일이어서 그런가. 더 많은 사람들이 몰린 것 같았다. 경내에서도, 공양간에서도 사람들에게 밀려다니며 오랫동안 줄을 서야 했다. 그리고 늦은 오후가 되어 집으로 돌아왔는데, 휴일 하루가 다 가 버리고 말았다.

물론 팥죽 한 그릇을 맛있게 얻어먹고 달력도 3부나 받아왔지만, 들인 차비와 시간을 생각하면 결코, 공짜가 아닌 것이다.

세상에 공짜는 없다는 것을 새삼 깨달으며, 좋은 경험이었다고 위안을 삼았을 뿐이다.

12 희한한 애플리케이션

 혼자 밥을 먹는 사람들, 일명 '혼밥족'에게 도움을 주는 앱이 있다고 한다.
 혼밥을 할 때 가장 큰 고민이 메뉴 선택이라는데, 바로 그것을 해결해 주는 앱이다.
 앱의 A.I.에게 '무엇을 먹을까'라고 물어보면, 그 사람이 평소 즐겨 먹었던 음식으로 메뉴를 추천해 주기도 하고, '좋아요' 표시를 한 식당들을 찾아 주기도 하고, 심지어 날씨와 사람의 기분에 따라 A.I.가 음식을 권해 준다고 한다.

 그 말을 듣고... 세상 심각해졌다.
 어차피 '혼자 사는 사람'은 이미 기계와 함께 생활하고 있을 것이다. 나만 해도, 혼자 있을 때는 텔레비전, 핸드폰, 컴퓨터, 셋 중 하나는 켜 놓고 있으니 말이다. 주변이 온통 기계일 뿐더러, 기계에 둘러싸여 기계와 더불어 시간을 보낸다. 그리고 이렇게 기계와 있을 때면, 별 생각을 하지 않게 된다.
 반면 사람을 만나면 의외로 생각을 많이 하게 된다.

뉴스를 봐도, 혼자라면 정보를 그냥 무작위로 받아들일 뿐, 생각은 나중으로 미룬다.

그러나 단 한 명이라도 사람이 있어 대화를 나누게 되면, 같은 뉴스를 봐도 많은 생각을 하게 된다.

물론 이것은 내가 이상한 것일 수도 있다.

다른 사람들은 혼자 있을 때도 생각을 많이 하고, 기계와 함께 있어도 생각을 많이 할 수도 있다. 불교의 수도승들은 화두를 붙들고, 혼자 구도의 길을 가기도 하니까 말이다.

어쨌든 나의 좁은 생각으로 보자면, 혼자 있는 사람은 생각을 적게 할 것 같다.

그래서 점점 생각하는 게 귀찮아지고... 낯설어지고... 어려워지고... 결국은 생각하는 게 귀찮아, 먹는 것도 누가 추천해 주길 바라는 게 아닐까.

하지만 한 끼의 메뉴를 정하는 것은 내 기준에서 보면 고도의 사고력을 필요로 하는 행위다.

예를 들자면 다음과 같은 과정을 거치기 때문이다.

-오늘은 비가 오네. 비 오는 날에는 기분도 꿀꿀하고 그러니 부침개나 먹어야겠다. 맛있기로는 00시장의 부침개가 맛있지만 거기는 멀리 돌아가야 하고. 회사 앞 00집은 오

늘 같은 날은 사람이 많으니 한참 기다려야 할지 모르고. 집 근처의 00점은 가격이 비싸고. 아, 그런데 막상 식당까지 가려니, 그것도 귀찮구나. 구두랑 옷이 비에 젖을 텐데. 그냥 집에 가서 배달로 시켜 먹자.

마지막 결정을 내리기까지, 나는, 나의 입맛과 주머니 사정과 각 식당의 지리적 위치를 떠올리고, 결국 내 기분을 고려해 최종 판단을 내려야 한다.

비가 내리는 외부의 상황과 나의 기분이라는 내부적 상황을 고려해, 여러 선택지를 떠올리고, 최선의 선택을 하는 것이다. 그리고 배달된 부침개의 맛에 따라, 후회를 하거나 만족을 하는 것도 모두 내 입이 책임지게 된다.
우리가 삶 속에서 만나는 대부분의 문제는 이런 과정으로 해결하지 않겠는가. 그러니 메뉴를 결정하는 것이, 얼마나 중요하고 필요한 행위이며, '비교와 판단, 결정'이라는 고도의 작업을 수행하는 연습이 된단 말인가.

그러나 인공 지능에 의지하면 이렇게 될지도 모르겠다.
'오늘은 비가 옵니다. 00님, 부침개를 드세요. 다음은 00님이 직접 방문할 수 있는 부침개 전문점의 목록입니다. 배달을 원하시면 '배달'이라고 말씀해 주세요.'

이러면서 음식 사진과 지도가 쭉 이어질 것 같다.

그리고 나는 녀석의 지시에 따라 아무 생각 없이, 소중한 한 끼를 해치울 뿐이다.

여기에 나의 생각과 판단이 얼마나 개입할 것인가. 극히 최소한으로 작용하지 않을까 싶다.

***

하지만 이 앱을 이용하면, 사람들이 생각을 하지 않게 된다는 것보다 더욱 무서운 함정에 노출될 수 있다.

나는 이것을 지적하기 위해 이렇게 말을 늘어놓는 중이다.

이 함정이야말로, 실로 끔찍하고 무서운 것이기에.

당신도 이 앱에, 대단히 무섭고도 교묘한 계략이 담겨 있다는 것을 알아야 한다.

그것은 바로, 이 앱을 이용하면, 인공 지능에게 세뇌당하고 조종당할 수 있다는 것이다.

아니, 정확히는 인공 지능 뒤에 숨은 대기업이나 거대 자본의 힘을 가진 사람들에게 조종당하게 된다.

생각해 보라. 인공 지능 개발은, 이미 막강한 글로벌 기업들이 선도하고 있다. 그리고 프로그래밍도, 관리도, 그 대기업들이 하게 될 것이다.

얼마 전, 한 방송사의 아이돌 오디션 프로가 1회부터 모조리 조작이었다는 것이 밝혀졌는데, 나는 처음부터 그럴 줄 알고 있었다.

기획사와 방송국이 검은 돈을 주고받으며, 이미 합격자를 정해 놨다는 범죄를 말하는 게 아니다.

이미, 애초에, 태초에, 그 처음에,
모든 방송에는 '조작과 의도'가 들어가 있다.

최초의 참가자가 몇 명이든, 100명이든, 그들이 똑같은 시간으로 모두, 방송에 나왔는가.

1회부터 상당수가 나오지 못한 걸로 알고 있다. 거기서, 이미 조작이 들어갔다.

그리고 1회부터 마지막 회까지, 지원자들이 같은 노래를 부르며, 같은 춤을 추었는가. 그게 아니더라도 실제 오디션을 치르는 모습만 나왔는가 하는 점이다.

아니었다. 무대 뒤, 다른 모습들도 많이 나왔다. 그리고 카메라의 앵글은 멀리서 모두를 보여 주는 게 아니라 특정 참가자를 클로즈업으로 보여 주기까지 했다.

당신이 누굴 응원했든, 응원하지 않았든, 이 점은 알고 있어야 한다. 당신이 눈여겨보게 된 그 참가자가, 카메라의 선택이었다는 것을.

방송을 보지 않은 나도, 채널을 돌리다 눈에 띄는 후보를 발견했으며, 잠깐 지켜봤을 뿐임에도 유독 예뻐 보이고 귀여워 보이는 참가자가 있었다.

방송은 이미 카메라가 돌 때부터 조작과 의도가 들어간다. 거기에다 나중엔 '편집'까지 해 버리니.

그래서 모든 참가자와 모든 무대를 동일한 시간으로 보여 주지 않을 바에야, 방송으로 하는 오디션은 조작이다. 100% 확률의 조작.

미필적 고의처럼 미필적 조작이라도, 조작이다.

자, 다시 메뉴를 추천해 주는 인공 지능으로 돌아가 이야기를 해 보자.

그 인공 지능에, 거대 기업이 막대한 광고 비용을 투입하며 자기네 식당, 자기네 음식, 자기네 포장 식품을 권하게끔 만들 것이다.

반드시... 그 뒷거래를 할 것이다.

기업가들이 그 시장을 놓칠 리 없다.

그래서 인공 지능은 입력된 프로그래밍에 따라, 당신의 취향을 존중하는 척하며, 나중엔 바꿔치기할지 모른다.

물론 그런 조작을 아마추어적으로 티 나게 하지는 않겠지만. 아주 완벽히 의도를 감추고, 당신이 좋아했던 음식을 시작으로 서서히... 새로운 것을 권할 수도 있고, 어느 순간에 이게 당신이 좋아한 것이라고 거짓말을 할 수도 있다. 그때, 혼밥족인 당신은 '그게 아니다'라고 말할 수 있는가.

  -어, 난 그걸 좋아한다고 한 적이 없는 것 같은데... 하지만 언젠가 했을 수도 있지 않을까.

이렇게 헷갈리지 않을까.
당신은 당신에 대한 모든 것을 기억하고, 확신하고 있는가.
아니면, 보편적으로 누구나 좋아하는 음식을 권하면, 당신도 속을 것이다.
삼겹살, 된장찌개, 김치찌개, 생선구이... 당신이 알러지가 있거나, 못 먹는 음식이 아닌 한.

  -그래, 김치찌개, 맛있지. 내가 좋아한다고 했을 거야.

무의식적으로 넘어가, 김치찌개를 먹게 된다.
아니면 그 인공 지능은 '오늘 같은 날은 삼겹살, 당신 좋아하는 삼겹살을 먹으라'며, 당신이 자주 가던 식당에 슬쩍 새로운 식당을 끼워 넣어 추천할 수도 있다.
그리고 사람들은 언제나 새로운 것에 호기심을 가지므로, 당신은 오늘은 새로운 식당의 삼겹살을 먹어 보자, 생각할 것이다.

그리고 거리가 좀 멀지만 대기업이 운영하는, 거대 자본이 들어간, 인공 지능 회사에 광고비를 지불한 식당으로 향한다.

A.I.가 보여 준 '선택된 식당'의 화로에서 구워진, 침샘을 자극하는 노릇노릇한 고기의 사진과 동영상을 떠올리며.

여기까지만 해도 무서운데, 대놓고 뻔뻔하게 새로운 메뉴를 권해 주는 기능이 있다니!

인공 지능이 권하는 메뉴는 누가 끼워 넣은 것인가.

설마 녀석이 생각을 해서 말해 주는 메뉴는 아니지 않는가.

빅 데이터를 통해 내가, 혹은, 다수가 '좋아요'라고 말한 메뉴인가.

거기에 조작은 없는가.

메뉴를 정하는 알고리듬은 과연 A.I.가 100% 통제하는 것인가.

항상 이야기하지만, 당신은 세상에 하나뿐인 존재다.

누구도 대신할 수 없고, 누구도 당신의 취향을 알 수 없다.

자신으로의 여행을 해 보라.

적어도 자신의 입맛과 자신이 좋아하는 메뉴는 알고 나서, 기계의 추천을 받는 게 좋지 않을까.

4차 산업 혁명은 이제 태풍처럼 몰아치고 있다.

곧 물밀듯이 변화의 물결이 밀려올 것이다.

나는 그저 혼밥을 먹는 당신이, 가끔씩만 그 앱을 이용하기를 바랄 뿐이다.
앱보다는 친구들에게 묻고, 가족들에게 묻고, 자신에게 '오늘은 뭘 먹을까'라고 물어 보길 바랄 뿐.

13 맛집의 놀라운 핑계

 시내에 가면 꼭 들르는 중국집이 있다. 정확한 역사는 모르겠으나 30년이 넘었다는 간판을 본 것 같다. 내가 그곳을 다닌 지도 꽤 오래되었으니 '노포'임에는 틀림없다.

 그곳에 가는 이유는 맛있기 때문이기도 하지만, '고유한 맛' 때문이다. 예를 들면 짬뽕의 경우, 기본 베이스는 같아도 가게마다 넣는 해산물의 종류와 양이 다르지 않은가.
 그 집은 돼지고기를 넣지 않고, 홍합도 깐 것을 넣는다. 물론 홍합이 껍질째 듬뿍 들어간 짬뽕을 먹기 위해 찾는 중국집도 있다.
 한마디로 고유한 맛이 중요하다.

 그런데 높은 시청률을 자랑하는 TV프로그램에 맛집으로 소개되더니... 모든 것이 슬슬 변하기 시작했다.
 TV에 나온 이후 처음으로 줄을 서거나 대기 번호를 받는 진풍경도 연출되었으며, 여러모로 상황이 변하는 것이다.

이제 식당에 방문하면 기본 40분은 기다려야 했고, 홀도 주방도 호떡집에 불이 난 마냥, 정신없이 바쁘게 돌아갔다.

그래도 그 식당이라면, 수십 년간 자리를 지킨 노포이기에 뚝심 있게 맛을 지킬 줄 알았다.

하지만 안타깝게도 맛이 변하고 말았다.

맨 처음 변화는 면이 가늘어진 것이다.

원래 보통 중국집처럼 둥글고 통통했던 짜장면, 짬뽕의 면이, 칼국수 면을 세 갈래로 쪼개 놓은 것처럼 납작하고 가늘게 변했다. 그 이유를 나름 짐작할 수 있었다. 면을 삶는 시간을 줄이기 위해, 면을 그렇게 뽑기 시작한 것 같았다.

그것이 맛을 업그레이드하기 위해 고심 끝에 바꾼 것이라고, 절대 생각할 수 없었던 까닭은...

쫄깃한 면의 탄성도 줄고, 목으로 후루룩 부드럽게 넘어가는 식감도 없어졌기 때문이다. 면이 납작하고 가늘게 바뀐 후로, 배달시킨 것도 아닌데 짜장면의 면이 붇거나 툭툭 끊어졌다. 조금 실망했지만, 그래도 소스의 맛은 변함없어 발길을 당장 끊지는 않았다.

그런데 이번엔 반대로 커진 바람에 실망하게 된 메뉴가 등장했다. 바로 탕수육이었다.

접시에 담겨 나오는 높이는 비슷한데, 젓가락질 몇 번으로 금세 바닥이 드러났다. 한 번은 조각을 세어 보기까지 했다. 13조각이었다. 하나에 1500원 꼴이구나, 그런 생각이 들었다. 물론 양은 이전과 비슷할지 모른다.

오히려 전체적으로 보면 튀김옷이 줄고, 고기가 커졌으니 좋게 볼 수도 있다. 그러나 소스로 덮었는데도 여전히 딱딱한 탕수육은 내 입맛에 맞지 않았다.

그리고 마지막으로 색이 변한 것도 있었다. 바로 볶음밥이 허옇게 변한 것이었다. 예전엔 웍에서 열심히 기름 코팅을 하고 불 향을 입고 나왔던 갈색 밥알들이 이제는 허옇게 맨몸으로 나온다. 계란 아래 허연 밥알들을 보고 있노라면 왠지 민망하고 실망스러웠다.

손님의 입맛과 기억은 무서운 법이다.
내가 알고 있는 중국집이 얼마나 되며, 시내에 있는 중국집이 얼마나 많은데. 굳이 그 집을 찾아가는 것은 오로지 '고유한 맛' 때문이다.
그것이 변하면 갈 일이 없다.
사장님과 개인적인 친분이 있는 것도 아니고, 모르는 집이어서 호기심에 갈 것도 아니다.
그래서일까...
서서히 손님이 줄기 시작했다.

한번은 기다리는 게 싫어 오픈 시간에 맞춰 가 봤더니, 우리가 음식을 다 먹을 때까지도 홀이 차지 않았다.

당연한 일이었다. 하지만 한 번 바뀐 음식 맛은 안타깝게도 돌아오지 않았다.

그날도 지인과 나는 허연 볶음밥과, 찬물에 씻지도 않은 것처럼 잔뜩 불어터진 면을 힘들게 짜장 소스에 비비며 다시 오지 말자는 눈짓을 주고받았다.

그런데 이 사건의 가장 큰 반전이 남아 있다.

우리가 맛이 없어 젓가락을 쉬엄쉬엄 놀리고 있는데, TV를 보던 사장님이 놀고 있는 배달원에게 욕을 하는 것이다.

-도대체 저 xx들은 나라를 엉망으로 만들고 말이야. 경제가 최악이잖아. 손님이 줄어 큰일이구만.

오... 제발.

나는 그분에게 따끔한 일침을 가하기 위해, 밥을 먹지 말고 그대로 남겼어야 했다.

하지만 아침도 굶은 터라, 거기다 '개운동'을 하는 터라, 싹싹 긁어 먹고 말았다.

그러면서 이런 생각을 했다.

우리나라 경제는 국민들에게 칭찬받을 일이 없겠구나.

중국집 사장님조차 '맛' 대신 '경제' 탓을 할 양이면.

물론 나에 대해서도 돌아보게 되었다.
나의 잘못을 남에게 뒤집어씌우는 게 아닌가.
내 부족함을 남의 탓으로 돌리는 게 아닌가.

문제의 원인을 정확히 찾아, 그것을 고치는 게 발전하는 길인 것이다.

14 맛집의 놀라운 변명

 지인 중에 부모님께 물려받은 식당을 운영하는 사람이 있다. 나는 그분의 분식점에서 파는 김밥이 우리나라에 제일 맛있다고 생각하고 있었다.

 그런데 거기 아들네 부부가 들어가 함께 일을 하게 되더니, 김밥 맛이 변하고 말았다. 검고 진한 김이 아니라 구운 김이라는 초록의 파래 김을 쓰기 때문인 것 같았다.

 그러나 사장님께 그것을 지적할 수는 없었다.

 본인이 20년 이상 식당을 운영한데다, 맛에 대한 자부심도 큰 분이었기 때문이다.

 하지만 곤란한 것은, 당장 거기 가면 김밥을 주문할 수 없다는 것이었다.

 예전엔 무조건 김밥부터 주문했는데. 그것도 혼자 2줄 이상을 주문해 먹기도 했는데. 이제는 라면이나 떡볶이만 주문하게 되었다.

 내가 김밥을 주문하지 않는 것을 보고, 사장님도 이상했는지 슬쩍 물어 오기는 했다. 그러면 배가 불러서, 면이 먹고 싶어서, 등의 핑계를 댔다.

그리고 몇 개월이 지나서야 겨우 한 번, 김은 왜 바꾸었냐고 물었다.

그랬더니 그분은 자랑스레 어깨를 으쓱하셨다.

-아들이 신세대라 젊고 맛에 대해 연구를 많이 한다. 요즘엔 이렇게 구운 김을 쓰는 게 유행이고, 이렇게 바꾸고 나니 훨씬 고소하고 맛있다고 반응도 좋다. 그리고 이 김이 훨씬 원가가 비싸다.

거기서 어떤 말도 할 수 없었다. 사실 더 싼 재료로 바꾼 거라고 생각하고 있었는데, 연구를 거듭하고 맛을 위해 비싼 재료로 바꾸었다니 할 말이 뭐 있겠는가.

맛집의 맛이 변한 데는 이런 경우도 있는 것이었다.

사람들의 입맛이 바뀌는 것은 당연하고, 그 취향 변화를 연구한 후, 새로운 맛을 찾아낸 것일 수도 있다.

손님 대부분의 반응이 좋다니, 할 말이 없다. 나처럼 고집스러운 경우에만 맞지 않는 것이니.

부디 연구를 거듭하는 그 식당이 잘 되길 바란다.

한편으로 전통의 맛을 지키고자 노력하는 식당들도 응원한다.

15 드라이브 스루 장례식

 편리하고 빠른 것이 대세인가 보다. 그 대표적인 것이 차에 탄 채로 주문을 하는 '드라이브 스루' 시스템이다. 그런데 이웃 나라에서는 장례식도 드라이브 스루가 등장했다고 한다.
 조문객은 차에 앉은 채로, 태블릿에 방명록을 남기고, 향을 피우고, 부의금을 내고 돌아간다.
 영상을 보니, 차에서 내릴 필요 없이 운전석에 앉아 볼일이 끝났다.

 그런데 그게 참 허전해 보이는 것이다.
 칠순 잔치나 환갑잔치, 돌잔치를 드라이브 스루로 한다면 차라리 이해가 될 것 같다. 그러나 고인이 된 사람을 추모하는 장례식에 차를 타고 지나가며 인사를 하는 것은 참으로 쓸쓸해 보였다.
 이왕이면, 장례식장까지 차를 몰고 왔으니, 잠깐 내려 절을 하지. 향을 피우고 위로의 말을 건네는 데 5분도 걸리지 않을 텐데... 괜히 내가 섭섭한 듯했다.

그 몇 분으로 남은 가족에게는 큰 위로가 될 텐데, 싶었다.

물론 좋은 일에 대한 축하도 정성과 성의를 다해야 하는 것이 옳다. 그러나 굳이 하나를 고르라면, 굳이 양자택일을 하라면, 슬픈 일을 당한 가족에게 정성과 성의를 다해 위로를 하는 게 좋지 않을까.

사람이 죽는다는 것은...
세상에 더 이상 그가 존재하지 않는다는 것이다.
그 사람이 나와 일면식이 없는 사이라 할지라도,
그가 살아온 인생이 사라지는 그 자리에, 절 한 번 올리는 마음이 필요하지 않을까.

복잡한 가정의례와 까다로운 예절을 익혀 지키는 것까지는 아니어도, 고인의 사진 앞에 향 하나 피우고, 절 한 번 올리는 기본은 남았으면 좋겠다.

16 말로, 써 내려간 기사

 글은, 사람들로 하여금 거리를 두게 만드는 것 같다.
 글을 읽으려면 '문자 해독'이라는 복잡한 과정이 따르고, 그것이 부지불식간에 거의 순간적으로 이루어진다 하더라도, 어쨌든 글을 읽으면 사람들은 머릿속으로 생각을 하게 된다.
 반면 말은, 순식간에 지나가 버리기 때문에 훨씬 집중해서 듣게 된다. 내용을 음미하고 생각하기보다는, 순간 사라지는 목소리가 나의 '머리' 대신 '가슴'을 파고든다.

 그 때문인가. 말로 들을 때면, 이 말도 저 말도 다 맞는 것 같다. 특히 강연자의 몸짓과 어조가 중요해, 그가 강하고 단호한 투로 이야기를 하면 쉽게 현혹되고 만다. 말에 담긴 내용과 더불어 언어 외적인 표현에도 집중하게 되니, 연설자가 침을 튀겨 가며 언성을 높이면 절로 고개를 끄덕이게 되는 것이다. 그 대표적인 예가 히틀러가 아닐까 싶다. 그가 글로 주장을 펼쳤으면, 그렇게 사람들을 선동하지는 못했을 것 같다.

이런 이유들 때문에 나는 개인적으로 말을 듣는 것보다 글을 읽는 것을 좋아한다.

글은, 쓰는 사람도 생각을 하게 만들고, 읽는 사람도 거리를 두고 생각하게 만든다.

그래서 중요한 뉴스들은, 방송보다는 문자로 된 기사를 찾아 읽으려 노력했다.

하지만 요즘엔, 글로 된 기사도 멀리하게 되었다.

틀림없이 글로 쓰인 기사인데... 희한하게 제목에서부터 기자의 목소리가 생생하게 들리기 때문이다.

그의 주관적인 추측과 주장과 상상이, 기사의 표제에서부터 악을 쓰고 있거나 비아냥거리고 있다.

틀림없이 활자로 쓰여 있는데... 눈으로 보며 생각하는 게 아니라, 귀에 말소리가 들리는 듯하니, 기사를 거르게 된다.

이젠 어디서 어떻게 글로 쓰인 뉴스다운 뉴스를 찾아 보나. 이것이 요즘 고민이다.

***

하지만 주관이 없는 듯, 사건을 글로 전달한 것처럼 보이는 뉴스도 문제가 있었다.

아무리 글로 쓰였다고 하더라도 100% 사실만을 전달하는 게 아니라는 것이다.

나 역시, 지금까지 잊고 살아왔지만, 뉴스는 '사실'이라는 가면을 뒤집어쓰고 있을 뿐이다.

가면의 이마에는 '공익', 뺨에는 '공정'이나 '신속 보도' 따위가 적혀 있지만, 그 가면 아래 진짜 얼굴이 숨어 있다.

그것은 바로 '기업'이라는 얼굴이다.

그렇다. '언론사'는 기업이다.

중학교 사회 교과서에도 나오는 '이윤 추구'를 목적으로 하는 경제 주체인 '기업'.

그들이 쏟아 내는 기사의 목적이 대부분 '이윤 추구'다.

우리나라에 교통사고를 뉴스로 전하는 기준이 있는가?

예를 들면, 사상자가 얼마 이상이면 전한다든가, 몇 중 추돌 이상의 사고만 전한다든가, 대도시의 사고부터 전한다든가, 하는 보도의 기준이 있는가 궁금하다.

교통사고 관련 뉴스를 보면 기준이 없어 보이기 때문이다. 대형 사고는 물론이거니와 골목에서 행인 한 명을 친 운전자의 사고도 나오고, 시골에서 논두렁에 박힌 트럭 얘기도 나온다. 더욱이 고속도로 현황판에는, 전날 교통사고가 40건이라고 하는데, 뉴스에는 한두 건의 사고만 보도되기도 한다.

간단한 예로 교통사고 이야기를 해 봤다.

물론 아무리 작은 나라라 하더라도 수많은 사건 사고가 매일 같이 일어날 것이다. 그리고 그것을 모두 전할 수는 없는 노릇이다.

때문에 뉴스는 '알릴 만한 가치'가 있는 것을 '선택'한다고 한다. 거기서 이미 '선택의 조작'이 들어가 버린다. 앞서 말했듯이 미필적 조작이라도, 조작은 조작이다.

40건의 교통사고 중 국민들에게 알릴 서너 건을 결정하는 그 언론은, 바로 '이윤을 추구하는 기업'이다.

이윤을 추구하는 게 결코, 나쁘다는 게 아니다. '이윤 추구'라는 목적 자체는 나쁘지 않다.

단지 공익에 부합하고 인권과 개인의 자유, 행복에 관련된 기사를 냄으로써 이윤을 추구하면 좋으련만... 빤히 '사익'을 추구하는 기사를 보게 된다.

기업이나 이익단체 등, 광고주들을 위한 홍보성 기사들이 나오는가 하면, 광고주들에게 방해가 되는 세력을 깎아내리는 기사도 있다.

정치권력과 결탁된 기사는 더욱 가관이다. 거기에는 '중립'이라는 가면까지 덧씌워져 있어, 실로 공정한 척, 부정부패를 파헤치는 척한다.

그나마도 선거가 다가오면 체면 불구하고 가면을 벗어 던진 채, 민낯을 드러낸다. 그들은 가짜 뉴스를 기사로 쓰기도 하고, 특정 권력을 위해 작동하는 모습을 보여 주기도 한다.

그런 기사들을 하도 보니, 이제는 잊지 않을 것 같다.
언론사가 '기업'이라는 것을.
언론사의 사주는 '종교인'이 아니라, '경영인'이라는 것을.

또한 우리나라 근대 언론의 뿌리가 하필 일제 강점기이며, 친일 행위에 앞장섰던 언론이 아직도 살아 있다는 것을.

17 우울감을 치유하기 어려운 이유

 가끔 학창 시절을 되돌아보면, 깜짝깜짝 놀라곤 한다.
 그 작은 '교실'이라는 세계가 당시 나에게는 '세상의 전부'였다는 것을 생각하면 말이다.
 매년 학년이 바뀌기에, 친구와 선생님은 고작해야 1년 동안만의 세계일 뿐이었는데.
 당시의 나는, 선생님께 혼이 나거나 친구들에게 창피를 당하면... 세상 모두에게 창피를 당한 것 같고, 세상 모두를 보기 부끄럽고, 세상에서 숨어 버리고 싶기만 했다. 세상 모두가 나에게 손가락질하는 것 같고, 당장 세상이 끝나기라도 할 양 슬프고 비참하기만 했다.

 그러나 이제 돌이켜 생각해 보면...
 숙제를 하지 않아 선생님께 혼나는 내 꼴을 본 사람이, 전체 한국인 중에 얼마나 될 것이며,
 그들이 나를 욕하는 말이, 같은 시간 세상에 쏟아지는 말들 중 얼마가 될 것이며,

그들의 손가락질이 우리나라 사람들의 손가락 개수에 비해 얼마나 되겠는가.
  나도 참 평범한 사람일 뿐이고, 나를 손가락질하는 친구도 평범한 사람일 뿐이며, 우리는 피차 세상에 작은 존재일 뿐인 것이다.
  또한 사람들은 타인에 대해 놀랄 만큼 무관심하고 금세 잊기 마련이 아닌가.

  처음엔 그렇게 생각하며 우울감을 극복하려 애썼다.
  거대한 세상과 수많은 사람들을 생각하며, 내가 얼마나 작고 미미한 존재인지, 남들 또한 똑같이 작고 미미한 존재라고 생각하려 애썼다.

 그렇게 세계를 확장시키면,
 나를 욕하고 비난하는 사람들로 채워진 것 같은 세계가,
 나를 모르는 수많은 사람들이 있는 세계가 되고,
 욕을 듣는 나나 욕을 하는 친구나 모두 작은 존재가 된다.

 그러면 우울감이 조금 사라지는 것 같았다.

 그러나 그것이 착각이라는 것을 곧 깨닫게 되었다.
 그렇게 세계를 확장시킨들, 나를 모르는 타인으로 채워진

드넓은 세계를 상상해 본들... 그 세계는 나에게 영향을 주지 못하기 때문이다.

즉, 드넓은 세계의 사람들은 나에게 '악플'로 아픔과 고통을 주지도 않지만, '선플'로 칭찬과 기쁨, 희망도 주지 못하는 게 아닌가.

확장된 세계의 사람들은 '나'라는 존재 자체를 모르고 있으니... 그들은 나에게 어떤 영향도 주지 못한 채, 뚝 떨어져 있을 뿐이었다.

그러니 나는 다시... 나에게 악담이든 격려든 말을 해 주는, 가까운 사람들로 채워진 세계로 되돌아오게 되는 것이다.

그리고 다시 그들이 내 세계의 전부가 되어,
그들의 손가락질에 돌이킬 수 없는 상처를 받게 되었다.

이쯤 되니, 주변 사람들의 비난 때문에 우울증에 빠지면, 해결하기가 참 어렵기만 하다.

조금이나마 큰 세계와 작은 세계를 조화시키고.
나에게 직접 영향을 미치는 가깝고 작은 세계와
간접적으로 영향을 미치는 멀고 큰 세계,
모두를 생각하며 사는 수밖에.

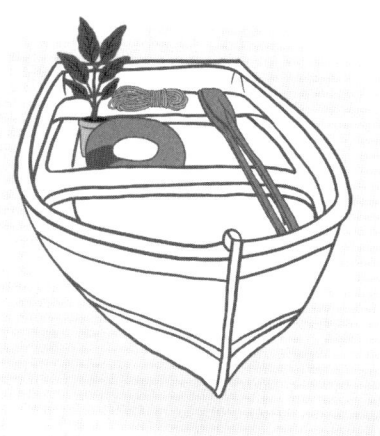

1 조용한 동네에 나타난 수상한 사람

 나는 소리에 무척 민감하다.
 때문에 일을 하거나 생각을 할 때도, '조용할 것'이 중요한 조건이 된다.

 하지만 요즘엔 동네가 지나치게 조용한 것 같다.
 아이들의 높고 맑은 목소리가 울리지 않는다.
 그게 무서운 까닭은 문득 어른들의 말씀이 떠올랐기 때문이다.

 -아이들은 밝은 양의 기운이라, 음의 기운인 귀신이나 액을 물리쳐 준다.
 -집터가 센 곳은, 아이들이 많은 가족이 이사를 가서, 아이들의 기로 눌러 줘야 한다.

 오, 그렇다면 아이들이 적은 우리 동네는... 나쁜 액운을 누가 물리쳐 줄까. 새삼 두려워졌다.

그래서 아이들이 많은 아랫동네를 기웃거리게 되었다.

그런데 정작 아랫동네에 가 보니, 거기서도 골목에서 뛰어노는 아이들을 보기는 힘들었다. 모두 학교나 유치원에 다니고, 그 후에는 학원으로 교습소로 내몰리는 것이다.

아무리 이 골목 저 골목을 쏘다녀도, 맑은 종소리 같은 아이들의 웃음소리, 떠드는 소리를 들을 수 없었고, 뛰어다니는 모습도 보기 어려웠다.

할 수 없이, 나는 산책 시간을 조정해 좀 멀리 다니기로 했다. 아이들이 하교하는 시간에 맞춰, 유치원이나 초등학교까지 가서 주변을 서성대다 돌아오기로 한 것이다.

거기서 아이들의 맑은 웃음소리를 실컷 듣고 돌아오니 확실히 기운이 나는 것 같았다.

요즘엔 그렇게 기운을 내고 있다고 했더니 친구가 조용히 한마디 한다.

–먼저, 그 선글라스와 등산용 넥워머를 벗어. 그리고 밝은 색의 옷을 입고. 알았지? 바바리는 절대 안 돼!

어?

2 꼰대들의 착각과 그들을 위한 변명

나이가 들고 보니 '꼰대'라 불릴까, 걱정된다.

별로 좋은 말이 아니어서, 해당 사항이 있는가, 특징을 몰래 체크해 봤다.

'나 때는', '왕년에', '내가 해 봐서 아는데' 이런 말은 쓰지 않으니까 패스. 시시콜콜히 잔소리를 늘어놓는 것도 좋아하지 않으니 통과. 나이, 지위, 경험에서 오는 우월 의식을 가졌다는 부분도 나와는 상관없는 것 같았다.

휴, 다행이다, 싶어 얼른 발을 뺐으나, 어째 발가락이 시원치가 않다. 아무튼 기성세대로서 청년들이 어떻게 하는 게 좋을 것 같다는 '답.정.너' 비슷한 생각은 가지고 있기 때문이다.

그러다 문득 꼰대들이 어떤 착각에 빠져 있는지 알 것 같았다. 그래서 그들을 위한 변명을 해 주고 싶어졌다. 이것은 내 속에 남아 있는 일말의 '꼰대 기질'에 대한 변명이기도 하다.

어른들이 청년들에게 잔소리를 하고 싶어 하는 이유는 하나다. 자신이 '인생을 알고 있다'고 생각하기 때문이다.

먼저 살아 봤기에.
먼저 경험해 봤기에.
그들은, 인생이란 길을 청년들보다 앞서 걸어가고 있다.
때문에, 인생이란 길이 결코 순탄하지 않다는 것도, 군데군데 함정과 유혹이 도사리고 있다는 것도 이미 경험으로 알고 있다. 그래서 그 경험을 알려 주고 싶은 것이다.

길을 걸어가던 당신이 커다란 구멍을 발견했다.
미처 피하지 못해 빠지고 말았다. 고생 끝에 겨우 **빠져나왔**으나, 몸도 마음도 상처를 입고 말았다. 혹은 멀찍감치 발견하고, 용케 피했을 수도 있다.
그런 당신이 두리번거리다 뒤에서 오고 있는 아이를 발견했다.
그럼, 당장 알려 주고 싶지 않겠는가.
여기 함정이 있으니 조심하라고.
나는 이러, 이렇게 해서 빠져나왔노라고.
아마 그게 '나 때는, 왕년에, 내가 해 봐서 아는데'로 나타나는 것 같다.

그리고 안타깝게도 바로 여기에 꼰대들이 착각하는 지점이 있다.

그들은 아이가 자신의 길을 고대로 따라오고 있다고 착각하고 있다.

자신이 걸어온 길, 똑같은 길을, 청년들이 따라오고 있다고 착각한다.

그러니 꼰대들은 한번 눈을 크게 뜨고 청년들을 제대로 보아야 할 것이다.

아이는 다른 길에 서 있다. 단지 자신의 뒤에 있다는 것만 사실일 뿐, 아주 많이 다른 길이다.

꼰대가 헤쳐 온 '산업화와 현대화의 길'이 아니라, 아이는 '미래화와 4차 산업 혁명이 이끄는 길'에 서 있다.

청년들은 '무한 경쟁의 길'과 이미 탄탄히 구조화돼 버린 '불평등과 빈부 격차의 길' 위에 서 있는 것이다.

그러니 꼰대의 '나 때는~'은 쓸모가 없을 수도 있다.

자신들이 직장에서 버티어 낸 스킬들이 쓸모없을 수 있다는 것을 빨리 깨달아야 한다.

그저 우리 기성세대들이 할 수 있는 일은, 내 경험과 방식이 옳다고 주장하는 것이 아니라... 주의를 주는 것, 한번 주의를 환기시키는 데 불과한 것이다.

그것도 반드시 아이에 대한 '애정'을 바탕에 두고, 걱정과 관심부터 표현한 다음에 말이다.

그것이 없는 충고는 윽박지르기와 낡은 구태 습관을 강요하는 것일 뿐이다.

무엇보다 꼰대들은 자신이 살아남은 방식을 되돌아보고, 그것이 옳은지, 그른지부터 판단해야 한다.

비리와 부정과 부패로 얼룩진 삶을 가지고, 오히려 '그렇게 해서 나만 잘 살게 됐어.'라고 말할 것은 아니란 말이다.

그러니 청년들이여.

부디 꼰대를 이해해 달라.

꼰대들은 당신과 지나치게 멀리 떨어져 있어, 길이 다르다는 것이 잘 보이지 않는다는 것을 알아 달라.

또한, 그들 역시 아직 길을 가고 있으므로, 자신의 길을 가기 바쁜 와중에 잠깐 돌아보고 충고를 할 뿐이니... 너무 미워하지는 말았으면 좋겠다.

물론 '꼰대의 충고'와 '상사의 갑질'은 분명히 다른 것이다. 우월한 지위를 이용한 갑질은 결코, 변명의 여지가 없다.

3 공포 마케팅을 피해

2020년 새해, 신종 바이러스의 공포가 전 세계를 뒤덮고 있다. 그리고 내가 가장 우려하는 공포 마케팅이 판을 치기 시작했다.

공포 마케팅은 내가 아는 한, 가장 완벽하고, 가장 거대하고, 가장 절대적인 힘을 가진 마케팅이다. 아마 사람이라면 누구나 여기에 빠져들 수밖에 없을 것이다.

그러나 그 실체는 아주 간단한 2중 구조로 되어 있다.
즉, '공포와 희망'을 한 세트로 파는 것일 뿐.

공포 마케팅의 1단계는, 사람들에게 공포스러운 상황을 환기시키며 겁을 주는 것이다. 전쟁의 위협, 환경 오염의 폐해, 각종 사건과 사고. 그리고 질병 등.

구체적 상황은 팔아야 하는 대상에 따라 달라지겠지만, 그것이 마지막으로 가리키는 것은 하나다.

바로 '당신의 죽음'

이 죽음 때문에, 우리의 내면에는 절대적, 필연적으로, 공포감이 내재되어 있다. 그래서 그것을 건드려 주면 된다.

죽음…

자신의 소멸…

그 공포를 이겨 내는 것은 인간으로서 거의 불가능하니까.

때문에 인간으로서 절대 피할 수 없는, 무시무시한 '죽음'을 건드리는 것이 공포 마케팅의 1단계다.

다음, 공포 마케팅의 2단계는 '희망'을 주는 것이다.

'공포'를 이기는 것은 오로지 '희망' 뿐이기에.

당신이 지금, 죽을지 모르는 공포스러운 상황에 내몰렸다고 상상을 해 보라. 살려고 아우성을 치느라 정신이 없다.

그런 때, 이성과 생각은 마비되어 버린다. 오로지 살고자 하는 욕망에 휩싸여 나를 살려 준다는 '희망의 끈'을 찾느라 모든 노력을 기울일 것이다.

바로 그 '희망의 끈'처럼 보이는 것이, 저들이 '팔고자 하는 것들'이다.

전쟁에서 이길 수 있는 강력한 무기, 환경 오염을 피할 수 있는 각종 전자기기, 온갖 약들과 의술, 보험과 저축.

그리고 더 많은 돈.

그러나 그것들도, '죽음' 자체를 막아 줄 수는 없다.

그래서 공포 마케팅의 최강, 끝판왕, 절대 반지는 결국 '천국행 티켓'을 파는 것이다.
죽음을 막을 수는 없으나, 죽으면 더 좋은 세계에 갈 수 있다는 것... 이것이 죽음의 공포를 이길 수 있는 최고의 희망, 해결책, 대안이 아니고 무엇이겠는가.

그 천국행 티켓을 구할 수 있는 구체적 방법을 어떻게 제시하느냐에 따라, 종교와 사이비가 구분되는 것 같다.

신 앞에 몸을 낮추고, 신을 경외하며, 신의 말씀을 실천해, 보다 이타적이고 선량한 삶을 살도록 이끄는 것이 종교가 아닐까.
반면, 나를 따르면, 이것을 사면... 천국에 갈 수 있다고 말하는 쪽은 의심스럽다. '천국'은 신의 영역이기 때문이다. 그 말은 곧 '내가 전지전능한 신이다'라는 말이 되기 때문이다.
이렇게 인간이 '신'인 척하면, 그때부터 종교의 영역을 벗어나 사이비가 되는 것 같다.

죽음의 공포가 그 어느 때보다 크고 가깝게 느껴지고 있는 지금.

부디 당신이,

공포 마케팅에 속지 말고,

죽음의 공포로부터 진정으로 자신을 구해 줄 수 있는 대상을 잘 찾아내기를 바랄 뿐이다.

4 열심히 달리는 것보다 더 중요한 것은, 방향을 정하는 것이다

사람은 대부분 열심히 달리고 싶어 한다.

의지가 약하고 의존적인 사람이라도, 누군가 자신을 채찍질해서 열심히 달리게끔 만들어 주는 것을 원하는 듯하다.

그러나 걱정스러운 점은, 열심히 달리는 사람일수록 목표를 잊고... 달리는 그 자체에 빠지기 쉽다는 점이다.

최근 알게 된 어느 종교 단체에, 신도의 30% 이상이 청년이라는 이야기를 듣고 놀랐다. 30만 명이 넘는 교인 중, 청년이 30% 이상이라니... 실로 놀랍기 그지없었다.

청년이라면 한창 꿈과 희망과 사랑을 쫓을 때가 아닌가.
자기 자신, 자신의 미래밖에 안 보일 텐데...
자신의 모든 시간과 미래와 꿈을 '신'에게 바친,
자신으로 꽉 차 있는 게 아니라, 종교와 신으로 꽉 차 있는, 사제와 같은 청년이 10만여 명이라니... 충격을 받고 말았다.

도대체 저 젊은이들은, 어떤 생각을 가지고 있는가 궁금했다. 다행히 어느 청년의 인터뷰를 듣게 되었다. 그는 이렇게 말했다고 한다.
　... 빠진 이유는 잘 모르겠지만... 드디어 올인할 대상을 찾았다는 생각이 들었다고.

　아... 삶을 올인하다...
　어쩐지, 이해가 될 것 같다.

　아마 그 청년은 종교 활동을 열심히 하고 있는 자신에게 무척 만족했을 것이다.
　이보다 더 열심히, 더 충실하게, 달리고 있는 삶은 있을 수 없지 않겠는가.
　먼저 종교 활동을 하는 것이니, 정신적, 영적으로도 충만했을 테고. 다음으로 생활을 꾸려 가며 전도를 위해 돌아다녀야 하니, 육체적으로도 부지런하기 이를 데 없었을 것이다.
　이보다 더 훌륭한 하루, 이보다 더 보람찬 생활이 어디 있단 말인가.

　성전에 다니고, 크고 작은 모임에 참석해 끊임없이 교리를 배우고, 수많은 사람을 만나 전도를 하고, 단체의 공식, 비공식적 행사에 동원되고.

불투명한 미래, 펑펑 낭비되던 자신의 시간이, 이제는 1분 1초가 아까울 정도로 충만하게 채워졌다고 느꼈을 것이다.

결국 그들 중 일부는 직장을 그만두고, 가족을 버리면서까지, 종교에 올인하고 있었다.

그 뿌듯함, 그 만족감, 그 충만함을...
이해할 수 있을 것 같다.

나로서는 세상에서 가장 힘든 일이 다른 사람을 설득하는 일인데. 설득과 포교를 주로 했던 그들의 생활이 얼마나 바쁘고, 얼마나 힘들었을 것인가.

그리고 그것을 해냈을 때의 뿌듯함과 성취감, 만족감이야!

아... 올인...
아... 몰두와 집중...
그리고... 열심히 달리고 있다는 만족감...
이해가 될 것 같다...
이해가 된다...
드디어 이해가 된 것이다.

하지만,

몰두는 좋은 것이다.
집중하는 것은 좋은 일이다.

그러나 그 최초에 '방향'이 있다는 것을 생각해야 한다.
그들에게, 혹은 지금도 자신의 인생을 올인할 대상을 찾는 이들에게 이 한마디를 전해 주고 싶다. 니체의 말을.

- 가장 훌륭한 것은 방향을 정하는 것이다 -

그렇다.
열심히 달리는 것보다 더 중요한 일은,
더 훌륭한 일은,
가장 먼저 해야 할 일은,
방향을 정하는 것이다.

당신은 열심히 달리고 싶은가.
혹은 열심히 달리는 중인가.
혹은 누군가의 채찍질에 정신없이 달리는 중인가.

잠깐!
멈춰 보라.

달리는 건 중요한 게 아니다.
당신은 언제든 달릴 수 있다.

대신 눈을 뜨고 주위를 둘러보라.
어디를 향해 달리고 있는가.
열심히 달리는, 그 앞에 무엇이 있는가.
그것을 제대로 보았는가.
그것이 제대로 보이는가.
그것을 살펴봐야 한다고 생각한 적이라도 있는가.

 부디 누구라도 낙원처럼 보이는 절벽을 향해 무서운 속도로 달리고 있지는 않기를...
 부디 누구라도 자신이 달리고 있는 그 앞의 풍경을 똑똑히 바라보기를...
 또한, 누구든 부디 조금 늦더라도, 제자리에 서서 주위를 둘러보며 자신이 달리고 싶은 방향을 먼저 찾아보기를...
 간절히 바라고 또 바란다.

5 습관의 무서움

 신종 바이러스를 걱정하기는 했지만, 우리나라의 경우, 특정 지역과 특정 종교로부터 전파가 폭발적으로 일어났다는 점이 큰 문제였다.
 즉, 너무 짧은 시간에, 급박하게 슈퍼 전파가 일어나고 보니, 사람들은 마음을 놓고 있다가 아우성을 치게 되었다.

 나 역시 남들과 비슷했다. 이 감염병의 확진자가 30명으로 유지될 때는 크게 걱정하지 않았는데, 보름만에 6000명을 넘기는 것을 보고 무서워지고 말았다.
 그래서 부랴부랴 마스크를 끼고, 사회적 거리두기를 열렬하게 실천하기 시작했다. 그러나 사람들의 오랜 생활 습관이 쉽게 고쳐질 리가 없었다.

 우연히 지인 부부를 만나 잠깐 커피숍에 들렀다.
 커피숍은 텅 비어 있었지만 환기가 잘 되는, 문 바로 앞의 테이블에 앉았다.

그리고 잠깐 이야기를 하는데, 결혼한 지 20년이 다 되어가는 이들은 여전히 금슬이 좋았다. 부인이, 요즘 사태가 사태인지라 뽀뽀를 끊었다고 안부를 전하니 말이다.

아직도 뽀뽀를 한다는 사실에 조금 놀랐더니 부인이 손을 저으며 웃었다.

-아니, 뭐, 아메리칸 스타일로 출근할 때, 인사처럼 하는 거야. 현관에서 가볍게 쪽. 호호. 그런데, 그걸 못 하게 됐어. 하도 코로나가 기승이라니까, 내가 이이한테 절대 안 된다고 못 하게 했지.

남편은 사람 좋은 웃음으로 허허, 웃고만 있었다.

그런데 수다를 떨던 부인이 입으로 빨대 끝을 쪽쪽 빨고는, 그 빨대를 라떼에 넣고 휘휘 저은 다음, 남편에게 맛을 보라고 커피잔을 내미는 게 아닌가.

헉!
남편은 한 모금 쭉 들이키며 맛있다고 흐뭇한 웃음을 지었다. 마치, 부인이 바리스타가 되어 뽑아 준 커피인 양.
저기 방금 빨대가...... .

–그리고 말이야. 이이가 퇴근할 때는 어떡하는 줄 알아. 내가 현관 앞에서 대기하고 있다가, 들어오면 바로 화장실로 밀어 넣어. 손부터 씻으라고 말이야.

그러더니 또, 입으로 쪽 빤 포크로 조각 케이크를 떠서, 남편의 입에 먹여 준다.
뜨헉!
저기... 방금 포크가...

놀라움은 금세 가라앉고, 나는 이걸 말해 줘야 할지 말지, 실로 깊은 고민에 빠졌다.
그 사이 부부는 만나서 반가웠다며 나갈 준비를 한다.

–정말 빨리 이 사태가 끝나야지. 마스크도 며칠째인지 모르겠어. 참, 마스크 햇볕에 살균하면 된다고 해서, 여기, 바깥을 보송보송하게 말려 쓰는데, 자기도 마스크가 없으면 그렇게 해서라도 꼭 쓰고 다녀. 알았지?

나는 고맙다고 말했다.
그런데 그 말을 하며 마스크 두 개를 다 들어 보여 주는 바람에 그들은 이제 어느 게 자기 마스크인지 헷갈리게 되었다.

-화장품 묻은 게 당신 거 아냐?
-마스크를 끼니까, 요샌 화장 안 해.

그러면서 두 사람은 마스크마다 코를 킁킁대며 냄새를 맡고 자기 것을 찾느라 분주했다. 그러나 결국 찾지 못했고, '햇볕에 살균했으니 괜찮다'는 부인의 말로 위안을 삼으며 대충 나눠 끼는 것이었다.
저기... 방금, 마스크 바깥쪽을 말렸다고 하지 않았나...
그 입술이 닿는 안쪽도 말렸다고는....... .

그들과 헤어져 돌아오는 길에, 결국 빨대와 포크 얘기를 해 주기로 했다. 고심 끝에, 슬쩍 놀리는 투로 문자를 보냈다.
그러자, 부인이 곧 답을 보내왔다. 내 의도를 알아차린 듯했다.
-사람 습관이 무섭네. 진짜 생각도 못 했어. 고마워.

서로를 사랑하고 아껴 주는 이 부부가 별일 없기를 바란다.
또한, 사람들이 평범하게 서로를 아끼고 위해 줄 수 있는 평화로운 때가 다시 돌아오기를 간절히 바랄 뿐이다.

그리고 사람의 습관이란 게, 얼마나 무서운가, 새삼 깨닫게 되었다.

6 도저히 고쳐지지 않는

 나에게는 치명적인 약점이 있다.
 이것 때문에 주변 사람들과 여러 번 관계가 파탄 났으니, 아주 나쁜 습성임에 틀림없다.
 그것은 바로 넘어지는 사람을 보면 웃음을 참지 못한다는 것이다. 물론 아이들은 제외하고 말이다.

 내게 세상에서 가장 웃기는 모습을 꼽으라면 '사람이 넘어지는 것'이다. 그래서 '코끼리 코 열 바퀴 돌고 달리기' 같은 게임을 보면, 숨이 넘어갈 정도로 웃게 된다.

 그러나 문제는 이런 상황이 TV 예능에만 있는 게 아니라는 것이다. 일상생활 속에서도 사람들은 잘 넘어진다.
 그리고 하필, 나는 그런 장면을 유독 잘 본다. 그러면 웃음을 참을 수가 없다.
 모르는 사람, 친구, 가족 할 것 없이 누가 넘어지는 것을 보면 배를 잡고 넘어간다.

그리고 이 웃음은 공평해서, 내가 넘어져도, 나 자신이 너무 웃기니까 말이다.

길에서 발이 미끄러져 기우뚱거리다 넘어졌는데, 누가 보건 말건 나 스스로가 웃겨 죽을 것 같다. 벌떡 일어나 다리를 절뚝절뚝거리면서도, 나는 배꼽이 빠질세라 웃음을 터뜨리고 만다.

그런데 이게 아주 나쁜 습관이라고, 사람들에게 무수히 지적을 받았다.
-사람이 넘어지면, 걱정부터 해야지.
-너 때문에 다른 사람까지 쳐다보게 되잖아. 웃지 좀 마.

그 말이 맞다.
그런데 웃음을 참을 수가 없다.

아, 누가 웃음을 참는 법을 알려 줬으면 좋겠다.
-슬픈 생각을 해.
-딴 데를 봐.

이것도 해봤다. 그러나 모두 실패였다. 왜냐하면 다른 생각을 할 틈도 없이, 친구가 길에서 넘어지는 동시에 웃음이 터지기 때문이다. 당연히 고개를 돌리고 자시고 할 틈도 없다.

이걸로 학창 시절, 친구들에게 절교를 많이 당했는데 아직도 정신을 못 차린다.

　내가 이 이야기를 하는 이유는, 지금도 웃고 있기 때문이다. 오늘따라 내가 희한하게 넘어져서, 하도 웃다가 이제는 배가 아플 지경이다.

　외출을 했다 버스를 타고 집으로 돌아왔다. 집 앞 정류소에 도착해 버스의 뒷문이 열렸다.
　하차하기를 기다리고 있던 나는, 문이 열리자마자 계단을 내려가는데, 그만 발이 미끄러지고 말았다. 오른발이 미끄러짐과 동시에 왼발이 후다닥 계단을 쓸고 내려가 정류소 앞에 몸이 내팽개쳐졌다.
　그런데 용케 몸의 균형을 잡아, 양손으로 땅을 짚고, 한 쪽 무릎을 세웠던 것이다.
　그러니까 마치 임금 앞에 한 쪽 무릎을 세우고 앉은 장군처럼, 위풍당당한 자세로 마무리되고 말았으니.
　정류소에 있던 아주머니들이 놀라서 나를 쳐다보는데, 웃음이 터졌다.

　아하하하. 배를 잡고, 집으로 오는 내내 웃고 또 웃었다.

집에 도착해서 바지를 걷어 보니, 오른쪽 무릎이 까이고 손바닥만 한 피멍이 들고, 엉망이다.
그런데 소독을 하고, 약을 바르면서도 웃고 있다. 이 얼마나 무서운 습성인가.

사람의 약점이란 대단한 게 아닐지도 모른다. 웃음도 치명적인 약점이 될 수 있으니.

그나저나 이걸 언제쯤 고칠 수 있을런지...
지금으로선 죽을 때까지 고쳐지지 않을 것만 같다.

7 결핍에 대한 갈망

 최근 가장 놀라운 것은, 우리나라 문화가 막강한 영향력을 가지게 되었다는 점이다. 영화와 음악, 드라마와 스포츠 등. 세계 여러 나라 사람들이 우리 문화에 열광하는 중이다.
 때문에 이 즈음, '김 구' 선생님과 '나의 소원'이 회자되는 것이 아닐까 싶다.

 사실, 학창 시절 교과서에서 '나의 소원'을 배울 때는 시험과 성적이란 면에 초점이 맞춰져 있었다. 때문에 내용을 깊이 있게 이해하기보다는 구문과 단락 위주로 분석하고 끝이 났던 것 같다.
 그러니 지금 글을 읽어 보면 놀랍기만 하다. 선생님은 어떻게, 당장 눈앞의 결핍보다 더 먼 미래를 생각하셨는가, 새삼 감탄하게 된다.

 솔직히 우리는 결핍된 것을 갈망하며 살아간다. 더욱이 그 결핍으로 지독한 고생을 했다면, 반동으로 그것을 손에 넣고

자 온갖 노력을 하며 살게 된다. 집이 없어 고생을 해 본 사람은 무엇보다 내 집에 대한 갈망이 가장 크지 않을까.

  그러나 선생님의 소원은 달랐다.
  '나의 소원'은 일제 강점기를 지나 우리나라가 이념 대립으로 충돌하던 시기에 쓰였다. 35년 가까운 오랜 세월을 남의 지배를 받다 해방된 지 얼마 되지 않은 때였다. 당시는 정치, 경제, 군사, 모든 면에서 나라의 기틀을 잡아야 하는 혼란기였다.
  무엇보다 선생님이 타국에서 독립운동을 하고 고초를 겪어야 했던 이유는 나라의 힘이 약했기 때문이다. 그리고 그 힘이란, 군사력과 경제력이라는 데, 대부분이 동의할 것이다. 그렇다면 선생님은 오직 '부강한 나라', '막강한 군사력과 경제력을 가진 나라'를 꿈꾸는 게 당연하지 않은가.

  그런데 당신의 소원은, 군사력도 경제력도 아닌 오직 '문화의 힘'을 가지고 싶다는 것이니. 군사력은 남의 침략을 받지 않을 정도면 되고, 한없이 가지고 싶은 것은 오직 '높은 문화의 힘'뿐.
  우리 문화가 높고 새로운 문화의 근원이 되고, 목표가 되고, 모범이 되길 원하셨으며. 세계 인류가 우리 민족의 문화를 사모하게 되기를 원하셨다.

무엇보다 놀라운 것은, 선생님이 꿈꾸던 문화가 인류에게 사랑과 평화를 가져오는 문화였다는 것이다... 그런 '문화의 힘'은 아무리 가져도 부족하다고 말씀하셨다.

그러니, 이것이 나라를 빼앗기고 독립을 위해 싸워 온 투사의 소원으로는 참으로 훌륭하지 않은가.

나같은 사람은 감히 범접할 수 없는 경지다.

만약 '지도자'라는 말을 쓰고 싶다면, 선생님과 같은 분에게 써야 할 것 같다. 조국과 민족을 위해, 당장 눈앞의 결핍보다 한 걸음 더 앞선 미래를 내다보고 준비할 수 있는 분. 그런 분의 지도라면 기꺼이 따를 수 있다.

그리고 지금, 당신이 꿈꾸었던 문화의 힘이 얼마나 강한 것인지... 70여 년 전에 알고 계셨던 선생님의 통찰에 그저 감탄하게 된다.

엄청난 파급력을 자랑하는 우리 문화를 보며, 실로 문화의 힘에 놀라는 중이다.

그와 더불어 나 또한 당장 눈앞의 결핍을 해결하는 것보다 더 중요한 것이 있는가, 생각하게 되는 요즈음이다.

8 이런 게 없을까, 4 - 음악 플랫폼

힘이 크고 거대하다는 것, 자체가 나쁜 게 아니다.

또한 크고 거대한 힘이, 자신의 힘을 과시하는 것도 그런대로 참아 줄 수 있다.

그런데 크고 거대한 힘을 가진 거목이, 작고 파란 새싹의 머리를 그늘로 짓누르고 덮어 버리는 것은 단연코 반대한다.

세계 문화를 선도하는 K-POP가수들의 빛과 그 팬덤이 만드는 그늘을 말하는 것이다.

물론 이것은 일부의 문제다. 그러나 일부이긴 하지만 틀림없이 그늘이 있고, 그 속에 숨이 막힐 듯 어둡고 저열한 부분이 있다.

그중 하나가 음원 사이트에서 몇몇 가수의 노래가 차트를 장악하는 모습으로 나타나는 것 같다.

팬심은 '사랑'의 일종이므로, 맹목적으로 퍼붓는 사랑과 충성심도 이해는 간다. 사랑하는 데는, 이유 따위 필요 없고, 이성보다는 감정으로 움직이는 것도 충분히 이해할 수 있다.

하지만 거대 팬덤이 장악한 음악 플랫폼을 보면, 고개를 슬슬 것게 된다.

그나마 예전에는 상황이 조금 나았던 것 같다. 인기 가수의 신곡이 팬덤의 크기에 따라 차트를 '올 킬' 했지만, 어쨌든 시간이 흐르면 자연스럽게 밀려 내려가고 사라졌기 때문이다.
그런데 최근 차트를 보면 박제가 된 듯한 노래들이 있다. 그것을 보면 숨이 막힌다. 그것도 한두 곡이 아니다.

물론 앨범의 전 곡이 좋을 수 있다. 그렇지 않고서야 세계적으로 선풍을 불러 일으키지는 못했을 테니. 그 앨범에 우리나라 최고의 아티스트와 전문가의 협업과 노력이 들어가 있을 것이다.
그러나 자연스럽게 차트를 차지했다가, 다시 자연스럽게 내려가고, 좋은 신곡이 나오면 자리를 내줘야 하지 않을까.

솔직히 아무리 좋다는 노래도, 나는 워낙 평범한 귀를 가진 리스너라 몇 주 정도 들으면 질리고 만다. 그러니 한 가수의 노래가... 한두 곡도 아니고 앨범의 모든 곡이, 더욱이 지난 앨범들의 곡까지 차트에 올라오는 상황이 괴롭기만 하다.

때문에 순위를 보면 1위부터 100위를 차지한 곡보다 가수들의 수가 훨씬 적다. 또한 소속사의 규모가 작은 싱어송라이터의 신곡은 듣기가 어려워졌다.

그런 차트를 보면 한 대 맞은 것 같은 얼얼함을 느낀다.

이것이 거목의 폭력이 아니고 뭐란 말인가.

닥치고 내 가수의 곡을 들으라는 폭력.

막강한 팬덤의 힘과 억압.

앞에서 이런 말을 한 적이 있다.

어떤 책도 작가와 편집자의 영혼을 갈아 넣지 않은 책이 없다고.

창작이란, 다른 사람의 눈에 아무리 우스워 보여도, 창작자의 영혼의 일부를 갈아 넣는 게 맞다.

소설도, 영화도, 음악도. 다른 사람의 마음을 움직이려면, 자신의 마음부터 갈아 넣어야 한다.

그래서 나는 노래 역시, 신곡은 일부라도 한 번 들어 주는 것을 예의로 생각한다. 물론 전주에서 끝까지 나를 끌고 가는 노래가 있고, 금세 다른 곡으로 넘어가게 만드는 곡이 있지만. 일단은 한 번 들어 보려 노력한다.

때문에 이런 음악 플랫폼이 있었으면 좋겠다고 생각했다. 나처럼 좀 더 많은 신곡을 듣고 싶은 리스너를 위한 플랫폼. 노래를 만드는 모든 창작자들을 위한 음원 플랫폼.

여기는 결코 순위가 없다.

순위를 매기지도 않는다.

대신 이 플랫폼은 매일, 새로 출시된 음원을 들을 수 있다.

접속한 후, 1시간은 '신곡'이란 카테고리의 노래를 무료로 혹은, 저렴하게 들을 수 있다.

신곡을 소개하는 순서는, 발표된 시간 순, 혹은, 가수의 이름을 '가나다' 순으로 나열한다.

그 외, 발매된 지 24시간이 지난 곡을 듣거나, 플레이리스트에 담을 때는 사용료를 낸다.

즉, 이 플랫폼은 '신곡을 소개'하는 용도일 뿐이다.

노래의 장르에도 구애되지 않고, 팬덤의 크기에도 영향을 받지 않는다.

가장 중요한 것은,

늘 새로운 노래를 빠짐없이 소개하며,

듣기 좋은 노래는 본인이 알아서 가져가면 될 뿐.

물론 당연하게도, 누구의 노래가 얼마나 많이 담겼는지, 결코 순위를 매기지 않는다.

나는 믿는다.

창작물은 순위를 매길 수 없다고.

왜냐하면 감동의 크기를 숫자로 표현할 수 없기 때문이다.

이런 말을 하면, 친구들은 또 이렇게 반박을 한다.

보다 많은 대중이 선택한 노래가, 당연히 우월한 게 아니냐. 좋으니까 많은 사람들이 선택했지.

그러면 나는 이렇게 대꾸한다.

만 명이 선택한 곡이 단 열 명이 선택한 곡보다 좋다고, 어떻게 말할 수 있는가.

만 명이 한 달 후에 듣지 않게 된 노래와 열 명의 마음에 평생 남은 노래는, 과연 비교가 가능한가.

물론 각자 다른 생각을 하는 걸 지지한다.

어쨌든, 그저 아주 심플하게, 신곡만 들을 수 있는 플랫폼이 있었으면 좋겠다.

새롭고 신선한 노래를 발견할 수 있는 플랫폼이 있었으면.

이렇게 해서, 좋은 아티스트가 새로 발굴되고 재발견되고, 더 좋은 노래를 만날 수 있었으면.

그런 선순환의 사이클을 가져오는 음악 플랫폼이 하나쯤 있었으면 좋겠다.

고인 물은 썩기 마련이다.

9 팬덤의 그늘

팬덤의 또 다른 심각한 그늘 중 하나는 '악플'이다.

이 악플을 우습게 봤더니 상당히 질이 나쁜 게 있다는 얘기를 들었다. 예를 들면, 악플을 남길 때, 일부러 다른 연예인의 팬인 척하는 경우가 있다는 것이다.

내가 싫어하는 A가수의 인기를 떨어뜨리기 위해, 일부러 A가수의 팬인 척하고 여러 사이트와 카페를 돌아다니며 다른 가수의 악플을 단다고.

-우리 A가 최고다. 실력도 없고, 인기도 없는 주제에, B는 꺼져라.

대충, 이런 내용이 될까.

그럼, B의 팬들이 화가 나서, A가수를 욕하게 되지만, 알고 보면 이 악플을 단 사람은 C의 팬이라고. 그리고 악플의 수준이, 차마 입에 담지 못할 욕과 인신공격까지 한다는 것이다. 오래 전, 처음 이 이야기를 들었을 때는 상당히 놀랐다.

그렇다면 지금은 상황이 나아졌을까? 웬걸, 더욱 심해진 것 같다.

팬인 척 악플을 달 뿐만 아니라, 경쟁 스타가 나오는 TV 프로가 있으면 시청률이 떨어지도록 보이콧 운동도 하고, 각종 루머와 가짜 뉴스를 퍼뜨리는 것은 기본이 된 듯하다.

이 중, 아무리 봐도 심각한 것은 진짜 팬과 다른 스타의 팬이면서 팬인 척 구는 사람의 경계가 모호하다는 것이다.

때문에 내가 좋아하는 가수나 배우를 칭찬하는 글을 봐도, 이게 정말 팬의 글인지, 경쟁 스타의 팬이 교묘하게 써 놓은 글인지 구분부터 해야 한다니.

아무리 좋은 말이라도 순수하게 기뻐하며 읽을 게 아니라, 칭찬하는 듯한 말 속에 담긴 의미, 혹은 칭찬이 가져올 반발과 분란까지 생각하며 읽어야 한다니.

진짜, 이게 무슨 일인가 싶다.

여러 스타가 출연하는 프로그램의 시청자 게시판 같은 경우에 그런 일이 비일비재하다고 하는데.

칭찬으로 도배가 되는 것도 오히려 다른 스타의 팬일 수 있어... 칭찬하는 글의 옥석부터 가려내야 한다고.

칭찬과 격려를 기쁘게 받아들이기보다... 그 속에 숨겨진 칼부터 찾아내야 할 지경에 이른 것이다.

나는 이 일 또한 도저히 이해가 가지 않는다
팬을 가장해 다른 연예인에게 비수를 꽂고, 다른 스타의 뒤통수를 때리다니... 그런 비열한 짓이 자신의 스타를 사랑하는 마음에서 저지르는 일이라는 것을 이해할 수가 없다.

아마 팬덤의 세계는,
경쟁이 아니라 전쟁 중이었던 모양이다.
내가 생각하는 것보다 훨씬 치열한 전쟁.
내가 죽느냐, 상대를 죽이느냐, 목숨을 걸고 하는 전쟁.
눈에 보이는 모든 숫자와 기록에 집중하며, 승자와 패자를 분명히 가르는 전쟁.

'전쟁'이라면 '팬'은 참전하지 않을 수 없다. 내가 좋아하는 스타가 죽을 수도 있기 때문이다.
오. 비장함이 느껴진다. 그렇게 팬들은 무서운 각오로 밤낮을 가리지 않고, 전쟁에 임하는 중이었다.
내 스타를 지키고, 다른 스타를 죽이기 위해.

그러나 부디, 이제는 그 전쟁의 방법이 바뀌길 바란다.
스타를 사랑하는 치열함이나 열렬함은 바뀌지 않더라도, 팬도 스타도 행복하게 서로를 지켜 주는 방법으로 바뀌면 어떨까.

자신이 좋아하는 스타와 소통할 수 있는 SNS며, 플랫폼이며, 여러 콘텐츠가 얼마나 많은데.

좋아하는 스타의 소식을 듣고, 영상을 보고, 격려와 칭찬을 전하기에도 시간이 모자라지 않은가.

사람의 성향이야 워낙 제각각이고, 좋아하는 방법도 천차만별이겠지만. 자기가 좋아하는 스타에게 집중하는 게 아니라, 다른 스타를 견제하고 짓밟는 데 집중하는 사람들에게 이 말을 전해 주고 싶다.

굳이 다른 가수를 깎아내리고, 악플을 달고, 루머를 퍼뜨리고, 방송의 보이콧까지 하는 사람들을 보면 이런 생각이 들 뿐이라고.

-지금, 악플을 달고 있는 당신, 당신이 좋아하는 스타는 얼마나 매력이 없는 것인가.
당신의 스타를 찾아다니며 소식을 듣고 보기에도 시간이 모자랄 텐데... 얼마나 당신의 스타가 매력이 모자라고 실력이 의심스러우면, 다른 스타에게 눈을 돌릴 시간이 있고, 다른 연예인을 찾아다니며 악플을 달 시간이 있고, 다른 아티스트를 비방할 시간이 있는가.
그것도 팬인 양 탈을 쓴 채, 비방과 비난을 퍼붓기 위해 머리를 짜내면서까지 말이다. 그 노력과 정성으로 당신의 스타를 응원하면 큰 도움이 되지 않겠는가.

만약 당신이, 좋아하는 연예인을 위해 다른 스타를 찾아가 악플을 달고 싶다면... 그건 상대 스타가 진짜 매력적이라는 의미다.

  당신의 악플이야말로, 경쟁 스타의 놀라운 재능과 매력을 증명하는 보증서가 된다

  왜냐하면... 재능도 매력도 없는 사람을 찾아가 굳이 악플을 달겠는가 말이다.

  가만히 있어도 화려한 별들의 세계에서 묻혀 사라질 판에.

10 노래 커버가 부럽다

　팬데믹을 가져온 바이러스를 피해 집에서 오랜 시간 있다 보니, 동영상을 많이 보게 됐다.
　특히 가수들의 노래를 많이 듣고 공연 영상을 많이 보게 되었는데…
　가수들의 영상과 댓글을 보다 보니, 다른 가수의 노래를 커버한 경우에 흔히 달리는 댓글이 있었다.
　그것은 바로 원곡, 혹은 다른 커버곡과 비교하는 글이었다. 원곡을 못 따라간다거나, 다른 가수의 커버송이 훨씬 좋다거나…
　특히 원곡과 비교하며 던지는 비난과 비판은 신랄하기만 했다.

　생각도 자유롭게 해야 하고, 비판도 자유로워야 한다.
　그래서 나는, 그중, 원곡과 비교하는 댓글은 이해되지 않는다고 말하는 중이다.

먼저, 그런 댓글을 쓰는 분들에게 '작가와 창작물'의 관계를 알려 드리고 싶다.

작가에게 '창작물'은, 그것이 그림이건 노래건 소설이건 영화건 '자식'과 같다.

우리는 모두 누군가의 자식이므로, '자식'이라는 말에 어떤 의미가 있는지 알 것이다.

우리는 부모로부터 태어났지만, 부모의 소유는 아니다.

부모에게 속한 부분도 있지만, 한 생명체로서 혼자 살아가야 한다.

작품은 작가가 만들어 낸 것이 분명하고, 그 노력을 '저작권' 등으로 보호받는 것은 법적인 개념일 뿐이다.

작품은 분명히 독자적으로, 홀로 살아가야 하는 부분이 있다. 바로 감상자를 만날 때다.

즉, '감상'에 있어서는 작품은 작가의 소유가 아니다. 작가는 독자나 관객의 감상에 있어, 어떤 것도 터치할 수 없다.

노래도, 소설도, 영화도, 그림도... 감상을 할 때만큼은 작가의 소유가 아니라 관객이나 독자의 소유가 된다.

작가는 감상자들에게 여러 가지 정보를 알려 줄 수 있고, 비판하거나 폄하하는 부분에 대해 부모로서 애정을 가지고 변명 내지 반박은 할 수 있겠지만,

-이 작품은 내 소유다. 내가 말하는 대로 감상하라, 고는 결코 말할 수 없다.

 내 소설의 주인공이 독자의 머릿속에 어떤 인물로 남을지는 오롯이 독자의 몫이다. 나는 최선을 다해 호감형의 주인공을 만들어 냈지만, 독자가 좋아하게 될지는 내 손을 떠난 영역이다.

 노래 역시 마찬가지다. 아무리 싱어송라이터나 대가의 곡이라 하더라도 원곡 가수의 소유가 아닌, 살아있는 작품이다.

 때문에 아무리 원작자라 하더라도,

 -이 곡은 상실감이 느껴지도록 불러야 한다. 이 곡은 희망이 느껴지도록 불러야 한다, 고 주문할 수 없다.

 커버를 하는 가수는 자신이 감상한 대로 노래를 부르면 된다. 노래에서 받은 자신의 느낌, 자신의 메시지, 혹은, 자신의 개성을 더해 노래를 부르면 되는 것이다.

 무엇보다 원곡과 똑같이 부를 필요가 없는 게...

 그는 '모창' 프로에 나온 것이 아니기 때문이다.

 그러니까 그 가수는 '모창'을 하러 나온 것이 아니란 점을 짚고 넘어가야 한다.

 모창 프로라면 최대한 원곡과 흡사하게 부르는 게 정답이겠지만, 그게 아니지 않는가.

때문에 나는, 원곡과 비슷하게, 혹은 원곡에 충실하게 부르는 것을 별로 좋아하지 않는다.

오히려 얼마나 개성을 더해 불렀는가를 따진다. 이왕이면 완전히 다르게 편곡을 해서 원곡의 느낌을 지우거나, 커버 가수 본인의 개성이 듬뿍 담긴 노래를 좋아한다.

자신이 원곡이 더 좋다 싶으면 커버곡을 들은 다음 원곡을 들으러 가면 되고, 뜻밖에 원곡과 다른 감성과 매력을 발견했다면 커버곡을 들으면 된다.

감상을 하고 난 후, 댓글 또한 자유롭게 쓰면 된다.

단지, 음악은 살아있고, 커버곡은 새로 탄생한 '손자뻘'쯤 되는데... 그게 이쁜지 아닌지는 곡으로 판단해야지, 너는 왜 엄마, 아빠와 다르게 생겼냐고 따질 일은 아닌 것 같다는 말이다.

그리고 한마디 덧붙이자면, 창작자들은 자신의 대표곡이라 하더라도, 그것을 여러 버전으로 만들기는 어려운 게 현실이다.

신곡을 선보이지 않고 자꾸 같은 곡을 우려내서야, 팬들조차 외면하지 않을까. 창작자가 게으르다거나, 이제는 재능이 바닥났다고 생각하지 않겠는가 말이다.

그러니 자신의 대표곡을 동료나 선후배 가수들이 커버해 주면 오히려 무척 고마울 것 같다. 자신의 노래가 새로운 생명을 얻어, 다시 사람들의 입에 오르내리는 게 얼마나 기쁜 일인가.

내가 작곡자나 가수라면, 다른 가수가 한 번 커버해 줄 때마다, 내 자식이 새로 태어나는 것 같은 감동을 느낄 것이다.

이렇게 글을 쓰다 보니,
문득 '노래'가 매우 부럽기만 하다.
비난을 받거나 칭찬을 듣거나 간에 '커버'를 할 수 있다니.

생각해 보라.
소설은 아예 '커버소설'을 쓸 수가 없지 않은가. 그것도 원작과 될 수 있는 한 똑같이 쓰라니... 말이나 되는가.
어후.

11 물 들어올 때 노 저어라 - 그리하여 어쩌면

사람들이 아주 쉽게 하는 말이다.
누군가 잘나갈 때,
어떤 계기로 사람들의 관심과 주목을 받을 때,
'떡상'이라는 말을 쓸 만큼 폭발적인 인기를 얻을 때,
주변의 모든 사람들이 이구동성으로 외친다.
-어이, 물 들어올 때 노를 저어.
그 외침은 마치 '기회를 놓치지 말고 성공을 잡으라'는 말처럼 들린다.

그럼, 나는 혼이 쏙 나간다. 가뜩이나 갑자기 얻은 대중의 관심으로 정신을 잃을 지경인데…
-그래, 이 얼마 만에 들어온 물인가. 다시는 이런 기회가
 안 올지도 몰라. 노를 젓자. 이 때를 놓치면 안 돼.
아니, 그런 생각조차 할 겨를이 없다!
이미 인기와 돈과 사람들이 열광하는 함성의 파도가 배를 흔들고, 나를 흔들고 있다.

나는 정신없이 노를 젓는다. 이제 곧 푸른 바다 너머, 지상낙원의 파라다이스에 도착할 것만 같다.

그리고 더욱 미친듯이 노를 젓는다. 조각배는 앞으로 쭉쭉 나아간다.

그리하여, 마침내, 바다로 나왔다.

드넓고 푸른 바다.

망망대해.

이제 물길은 사라졌다. 그리고 파도는 잔잔해졌다.

실로, 큰일이 난 것이다.

나는 해류의 방향을 알지도 못하고, 하늘의 별자리도 읽지 못한다.

조각배 안에 물과 식량을 얼마나 실었는지 생각해 본 적도 없고, 나의 두 팔과 그 힘에 대해서도 생각하지 않았다.

내 힘으로 노를 저어 얼마만큼의 거리를 갈 수 있는가, 시험해 본 적도 없다.

무엇보다... 지금, 나는 힘이 쏙 빠졌다. 노를 젓기는커녕 당장 노를 잡을 기운조차 없다.

머리 위에 태양이 작열한다. 갈증 때문에 죽을 것만 같다.

지금 나는 어디에 와 있는가.

무섭다. 이제 깨달은 것은, 나의 두 팔만으로는 노를 저을 힘이 없었다는 것이다.

배가 앞으로 쭉쭉 나간 것은,
내 두 팔의 힘이 아니라,
들어왔다 나가는 '물의 힘' 이었던 것이다.

나는 물이 들어올 때, 노를 저었을 뿐.
별다른 노력도 하지 않았고, 제대로 준비도 하지 못했는데,
오로지 사람들의 관심과 환호에 취해서 그만, 배를 띄웠던 것일 뿐.

***

우리는 모두 인생의 바닷가에서 보트 한 척에 몸을 싣고 있는지도 모른다.

그저 바라는 것은, 빨리 푸른 바다로 나가,
거기 어디 있다는 파라다이스에 도착하는 것.
그것을 꿈꾸는 사공이다... 언젠가는 물이 들어와 배를 띄울 수 있기만을 기다리고 있다.

이윽고 평생에 한 번, 천우신조와 같이, 하늘이 내려 준 기회가 온다.

물이 들어와, 나는 물의 힘을 타고 노를 저어, 드디어 먼 바다로 나왔다.

그러나 그 다음은 어떻게 되는 것인가?

눈앞은 만경창파. 망망대해.

넓고 푸른 바다를 구경하며 좋아하는 것은 몇 분일뿐.

이제 남은 것은, 풍랑을 만나고, 상어 떼를 만나고, 갈증에 목이 말라 죽는 게 아닌가.

물이 들어올 때 노를 젓는 것은, 시작, 혹은 출발일 뿐이다.

사방에 보이는 것은 푸른 물결뿐인, 드넓은 바다에 도착했을 때... 드디어 그 사람의 진가가 나타난다.

망망대해에서 길을 잃지 않고,

자신이 꿈꾸는 파라다이스 섬을 향해,

그는 이제 파도의 힘, 물길의 힘이 아니라, 자신의 팔로, 자신의 힘으로 노를 저어 가야 한다.

그 힘을 갖추었는지, 갖추지 못했는지는, 먼 바다에 도착하면 알 수 있다.

그런 능력을 키우지도 않고, 노력도 하지 않은 사람이,

한순간의 인기에 도취돼 '물 들어올 때 노를 젓다'가,

결국 넓은 바다에서 길을 잃은 채 슬픈 결말을 맞이하게 되는 경우를 많이 봤다.

지금도 연예계에는 그런 일이 비일비재하다.

물이 들어올 때 노를 저으면서, 배가 앞으로 쭉쭉 나가는 것이 자신의 힘이라고 착각해 버리고는…

바다 한가운데서 끔찍하고 무서운 미래를 맞이한 경우를 얼마나 많이 봤으며, 지금도 보고 있는가.

그래서 나는 '물 들어올 때 노를 저으라' 라는 말이 무섭다.

***

나는 작은 보트에 앉아,
인생이라는 푸른 바다에 숨어 있는 나의 섬을 꿈꾼다.

그리고 그 섬에 가기 위해,
매일 노를 젓는 연습을 하고,
아무것도 보이지 않는 바다에서 별들의 도움으로 항로를 잃지 않는 공부를 하고,
식량과 물을 비축하고,
그 모든 준비가 끝났을 때, 물이 들어오길 기다릴 것이다.

만약 준비가 채 끝나지도 않았는데, 물이 들어왔다면…
나는 배를 띄우지 않을 것이다.
그게 인생에 단 한 번의 기회라 해도,
준비가 되지 않았는데 바다로 나갈 수는 없다.

그리고 더욱 중요한 것은…
모든 노력을 기울여 준비를 마쳤다면,
그때는 물이 들어오지 않더라도,
내 힘으로 배를 끌어, 파도를 타고 바다로 나갈 것이다.
물의 힘이 아니라, 오롯이 내 두 팔의 힘으로…
노를 저어, 바다로 나의 섬으로 향할 것이다.

그러다 힘이 빠지거나 노력이 부족했다는 것을 알게 되면
되돌아오면 된다.
자신의 실력을 과신했다는 반성을 하며, 다시 배를 띄우기
위해 또 노력하고 준비하면 된다.

그리하여 어쩌면 내 인생은,
앞으로 나가고 되돌아오며 끝날지라도,

나의 행복은,
천국과 같은 파라다이스에 홀로 가 닿는 것이 아니라,

지금 사랑하는 사람과 함께,
배를 띄우기 위해 노력하고,
파라다이스를 꿈꾸는 이 순간에 있을지도 모른다는 것을
이제는 알고 있기에.

나는,
물이 들어오지 않아도,
오직 자신의 힘으로 배를 띄워,
인생의 바다를 항해하고 있는 분들을 참으로 존경한다.

12 도전하고 실패하고

사실 바다를 항해하다 되돌아오는 것을 부끄러워할 필요는 없다.

배를 띄워 봐야지만... 배가 얼마나 튼튼한지, 파도가 얼마나 센지, 물과 식량은 얼마나 준비해야 할지 알 수 있기 때문이다.

바닷가에서 준비만 하며 세월을 보내는 사람들도 있다.

그들은 머릿속으로 열심히 상상하며, 혹은 다른 사람의 경험담을 들으며, 자신의 항해를 가늠해 본다.

그러나 실제 경험은 확실히 다르다.

폭풍우도, 비가 많이 오고 파도가 거칠고 바람이 세차게 분다고 막연히 생각하는 것보다, 실제 겪어 봐야 그 거대함을 알 수 있다.

다른 사람의 경험담은 좋은 참고 자료가 될 뿐, 나에게 똑같이 적용되는 것은 아니다.

어떤 일에 도전해서 실패한다면, 그 실패가 바로 다음 도전의 가늠자가 된다.
다른 사람이 아닌, '내 도전'의 가늠자가 되는 것이다.
때문에 도전을 해 봐야 한다.

바다는 무서운 미지의 세계지만, 실패를 두려워하지 말고 배를 띄워 봐야 한다.
이 항해는 가늠자일 뿐, 다시 되돌아가도 된다는 희망을 품고서.

어쨌든 바다에서 폭풍을 겪어 본 사람이... 배를 더욱 튼튼하게 만들지 않겠는가 말이다.

당신과 함께 해보고 싶은 생각

초판 1쇄 인쇄 2020년 8월 31일
초판 1쇄 발행 2020년 9월 8일
지은이 노원
펴낸이 김선화
펴낸곳 포문출판
표지, 삽화 jjubu4
등록 2017년 11월 6일 (제 2017-000005호)
주소 경남 양산시 동면 석금산로 171
전화 055-367-3282
팩스 055-367-3288
이메일 alalcnf448@gmail.net
ISBN 979-11-964143-5-1 (03810)

*이 책은 저작권법에 따라 보호받는 저작물이므로 무단전재와 복제를 금지하며, 이 책의 내용 일부 또는 전부를 이용하려면 반드시 저작권자와 포문출판사의 서면동의를 받아야 합니다.
*파본은 구입하신 서점이나 본사에서 교환해 드립니다.
*책값은 뒤표지에 있습니다.
*이 도서의 국립중앙도서 출판예정도서목록(CIP)은 서지정보유통지원시스템 홈페이지(http://seoji.nl.go.kr)와 국가자료공동목록시스템(http://www.nl.go.kr/kolisnet)에서 이용하실 수 있습니다. (CIP 제어번호:2020035608)